Para

com votos de muita paz.

/ /

CELESTE CARNEIRO
DIVALDO FRANCO

A VENERANDA JOANNA DE ÂNGELIS

10. ed.
Revista e ampliada
Salvador – 2023

COPYRIGHT © (1987)
CENTRO ESPÍRITA CAMINHO DA REDENÇÃO
Rua Jayme Vieira Lima, 104
Pau da Lima, Salvador, BA.
CEP 412350-000
SITE: https://mansaodocaminho.com.br
EDIÇÃO: 10. ed. rev. e ampl. (2ª reimpressão) – 2023
TIRAGEM: 1.000 exemplares (milheiro: 54.000)
COORDENAÇÃO EDITORIAL
Lívia Maria C. Sousa

REVISÃO
Celeste Carneiro · Luciano Urpia
CAPA
Cláudio Urpia
MONTAGEM DE CAPA
Ailton Bosco
EDITORAÇÃO ELETRÔNICA
Lívia Maria C. Sousa
COEDIÇÃO E PUBLICAÇÃO
Instituto Beneficente Boa Nova

PRODUÇÃO GRÁFICA
LIVRARIA ESPÍRITA ALVORADA EDITORA – LEAL
E-mail: editora.leal@cecr.com.br

DISTRIBUIÇÃO
INSTITUTO BENEFICENTE BOA NOVA
Av. Porto Ferreira, 1031, Parque Iracema. CEP 15809-020
Catanduva-SP.
Contatos: (17) 3531-4444 | (17) 99777-7413 (WhatsApp)
E-mail: boanova@boanova.net
Vendas on-line: https://www.livrarialeal.com.br

Dados Internacionais de Catalogação na Publicação (CIP)
(Catalogação na fonte)
BIBLIOTECA JOANNA DE ÂNGELIS

C289 CARNEIRO, Celeste; FRANCO, Divaldo Pereira.

A veneranda Joanna de Ângelis. 10. ed. / Celeste Carneiro e
Divaldo Pereira Franco. Salvador: LEAL, 2023.
320 p.
ISBN: 978-85-8266-044-7

1. Espiritismo 2. Joanna de Ângelis 3. Divaldo Franco I. Título

CDD: 133.93

Bibliotecária responsável: Maria Suely de Castro Martins – CRB-5/509

DIREITOS RESERVADOS: todos os direitos de reprodução, cópia, comunicação ao público e exploração econômica desta obra estão reservados, única e exclusivamente, para o Centro Espírita Caminho da Redenção. Proibida a sua reprodução parcial ou total, por qualquer meio, sem expressa autorização, nos termos da Lei 9.610/98.
Impresso no Brasil | Presita en Brazilo

Sumário

	Prefácio	7
	Apresentação	9
	Esclarecimento	11
1	Primeiras experiências	13
2	A parábola	19
3	Revelações	23
4	Joana de Cusa	27
5	Juana Inés de Asbaje	31
6	Sóror Juana Inés de la Cruz	37
7	Sóror Joana Angélica de Jesus	43
8	Joanna na Espiritualidade	49
9	A obra de Joanna	53
10	Objetivos de Joanna	59

A obra

11	Vivendo o amanhã	63
12	Os semeadores da Nova Era	71
13	Lições de Joanna de Ângelis	85

O médium

		93
14	Minibiografia	95
15	O Movimento Você e a Paz	113

16 Lições de um discípulo 121

17 A psicografia do médium Divaldo Franco 129

Entrevistas

18 Programa na Televisão Borborema 169

19 Jornal *O Liberal*, de Belém (PA) 183

20 Fontes diversificadas 217

21 À Dra. Marlene Nobre 223

22 Jornal *Mundo Espírita*, junho 2006 239

23 Programa televisivo *O Espiritismo responde* 245

24 Informativo *Note Bem* 261

25 Revista eletrônica *O Consolador* 265

26 Revista *Cultura Espírita* 283

27 Entrevista coletiva de imprensa 289

28 Revista *MUITO* / Jornal *A Tarde* 299

29 Jornal *Tribuna do Norte* 309

30 Revista *Reformador* – abril 2010 313

Prefácio

Pela tela das minhas recordações passam sempre as cenas do primeiro contato com o nobre Espírito Joanna de Ângelis, na memorável noite de 5 de dezembro de 1945, pela psicofonia de Divaldo Franco.

A sua palavra meiga, carregada de conceitos elevados, chegou-nos à alma, naquela oportunidade, como se fosse uma celestial melodia que nos assinalou a existência para sempre.

Adotando, por vários motivos, o pseudônimo de *Um Espírito Amigo,* ela nos ensinou a amar e a compreender, educou-nos na ação do bem e instruiu-nos com paciência e dedicação.

Aprendemos a amá-la e a descobri-la ao longo do tempo, impressionando-nos, cada vez mais, com a sua sabedoria e iluminação.

Nas horas difíceis ou calmas, no trabalho ou no repouso, na criação e manutenção da nossa comunidade, ao lado dos sofredores ou das pessoas tranquilas, ela sempre nos tem inspirado e socorrido, transcrevendo esses episódios, depois, como páginas de alento e orientação iluminativa, que alcançam outras mentes necessitadas de roteiro e de paz.

Lendo este livro, que ora lhe retrata a grandeza, sentimo-nos ditosos pelo ensejo que terão outras pessoas de melhor compreender essa benfeitora espiritual que tem algumas de suas obras já traduzidas para diversos idiomas e em cujos países, nos quais foram editadas, fez-se também muito amar, qual ocorre aqui no Brasil.

As anotações da autora – que *bebeu* as informações em bem cuidadosa pesquisa bibliográfica, como por intermédio de Divaldo, quem mais tem convivido com a querida mentora – são ricas de esclarecimento, portadoras de muita lógica, no seu retrospecto reencarnacionista, merecendo ser meditadas por quantos tiverem oportunidade de as ler.

Beneficiário próximo das lições da vida, dos exemplos de fé, de abnegação, de caridade e de amor da instrutora querida, auguramos, para esta obra, todo o êxito possível, e para os seus leitores as mesmas felicidades e paz de que nos sentimos objeto.

Salvador, 20 de fevereiro de 1987.
NILSON DE SOUZA PEREIRA

APRESENTAÇÃO
PARA A 10ª EDIÇÃO

Estamos publicando a 10ª edição desta obra, que foi lançada em 1987, e agora a apresentamos revista e ampliada.

Em mais de duas décadas, o Centro Espírita Caminho da Redenção e sua obra social, a Mansão do Caminho, expandiram-se, ultrapassando novas fronteiras com o trabalho de divulgação de Joanna de Ângelis, por intermédio do seu fiel discípulo, Divaldo Pereira Franco, e seus colaboradores. Seguiram as orientações das novas ciências, implantando terapêuticas avançadas, servindo de campo para experimentações seguras, com vista ao cuidado do ser humano integral, como já estava nos planos da nossa mentora.

Nesta edição, tivemos o cuidado de atualizar os números dos serviços prestados, a fim de que possamos sentir a grandeza deste trabalho. Sabemos que a vida é uma contínua ascensão, e esses números, por certo, estarão mudados quando este livro chegar às suas mãos. No entanto, os setores competentes do Centro Espírita Caminho da Redenção, como os departamentos Doutrinários, de Infância e Juventude, Social, Administrativo, Editorial e Gráfico e de Empreendimentos estarão disponíveis para informar àqueles que necessitarem dos dados atualizados.

Com a criação do Centro de Parto Normal Marieta de Souza Pereira, inaugurado em 2011, Joanna está colaborando para o nascimento de uma geração de pessoas mais felizes e preparadas para a implantação do Reino de Deus na Terra. Utilizando os modernos estudos da psicoembriologia, os colaboradores da Mansão do Caminho, de onde quer que se encontrem, estarão participando deste projeto, que tem um lugar especial no coração de Joanna de Ângelis, assim como no de Divaldo Franco.

Sentimo-nos imensamente feliz por acompanhar esse crescimento e poder colaborar, agora não mais na condição de residente, mas como arteterapeuta, participando da equipe da Policlínica Dr. José Carneiro de Campos.

Salvador, janeiro de 2014.
Celeste Carneiro

Esclarecimento

Quase todos nós, que entramos em contato com a obra do médium Divaldo Pereira Franco, somos tocados em nossa sensibilidade por um Espírito que irradia ternura e sabedoria, despertando-nos para a vivência do amor na sua mais elevada expressão, mesmo que, para vivê-lo, seja-nos imposta grande soma de sacrifícios. Trata-se do Espírito que se faz conhecido pelo nome Joanna de Ângelis.

Nosso primeiro contato com Joanna de Ângelis foi através do seu livro *Messe de amor*, que nos deixou encantada com sua forma simples de falar de coisas complexas, numa linguagem rica e sem repetições desnecessárias, ainda que falando várias vezes sobre o mesmo tema, mostrando-nos como é possível viver a mensagem cristã no dia a dia, desde que nos predisponhamos realmente a abandonar o homem velho que existe em nós. Sensibilizou-nos o seu carinho maternal, que chama a atenção sem condenar; orienta, sem impor; convida, deixando-nos livres nas decisões.

Oportunamente, tivemos o júbilo de ouvir-lhe a voz, algumas vezes através da psicofonia de Divaldo. Parecia, nessas ocasiões, que o Céu havia descido à Terra e mansa brisa nos roçava o corpo. Silêncio profundo imperava no ambiente, como se tudo e todos se quedassem para ouvir-

-lhe a mensagem de reconforto e esperança. Suave emoção invadia-nos o ser, deixando-nos predispostos a refazer os caminhos da inexperiência e avançar, mais rapidamente, em direção a Jesus. E sua voz assemelhava-se a uma doce melodia, sinfonia celeste que apazigua e enternece, aconchega e eleva. Não poucas vezes, deixou impregnado o ambiente do suave perfume da flor angélica.

Sua presença, sempre atenta e vigilante, bondosa e sábia, junto à obra assistencial e de divulgação dirigida por Divaldo, foi-nos despertando interesse e curiosidades a seu respeito. Afinal, quem era esse Espírito e como se revelou a Divaldo?

Através de informações do próprio médium e pesquisas em livros, conseguimos reunir alguns dados sobre o Espírito Joanna de Ângelis, que resolvemos apresentar, a fim de que os seus afeiçoados e curiosos, como nós, também tenhamos a oportunidade de conhecê-la melhor.

Celeste Carneiro

1
Primeiras experiências

No início dos exercícios mediúnicos de Divaldo Franco, na década de 1940, orientava-o, assim como o grupo que liderava, um Espírito chamado Manoel da Silva.

No dia cinco de dezembro do ano de 1945, Manoel da Silva, incorporado em Divaldo, avisou ao pequeno grupo iniciante na Doutrina Espírita que iria deixá-lo temporariamente, pois que estava prestes a reencarnar. Entretanto, para substituí-lo, ficaria um Espírito amigo, ligado afetivamente a alguém do grupo, que a partir de então passaria a dirigir os trabalhos, orientando, ajudando, inspirando para o bom desempenho das obrigações de cada um, visando ao bem geral.

Divaldo, já acostumado com Manoel da Silva, sentiu um pouco de dificuldade para se ligar afetivamente ao novo orientador de suas tarefas, mesmo porque, este não se tornava visivelmente nítido em suas aparições, tampouco se identificava, deixando apenas que o médium visse um vulto claro e impreciso junto a si. Escutava-lhe, porém, a voz distinta, orientando-o e advertindo-o quando fazia ou pensava algo indevido. Sempre que incorporava, ao terminar, os companheiros falavam enternecidos da suave doçura de sua voz e da sabedoria de seus ensinamentos.

Divaldo, no entanto, inquietava-se muito por não lhe saber o nome, assim como o de seu guia espiritual. Em 1947, já familiarizado com a Entidade, perguntou-lhe. Ela respondeu simplesmente: *Um Espírito Amigo*. Ficou decepcionado. Em outra oportunidade, inquiriu-lhe o nome do seu guia. O Espírito redarguiu:

– Meu filho, por que você quer saber quem é o seu guia?

– Porque todo mundo que eu conheço tem guia. Será que eu também tenho?

– Tem. Seu guia é o maior de todos: é Jesus!

– Ah! Mas Jesus eu *não quero*. Ele é Guia de todo mundo. Eu queria um só para mim!

– Divaldo, fica com Jesus. Ele é o único guia fixo, porque todos os guias mudam, mas só Jesus permanece.

Em 1949, Divaldo começou a psicografar. A partir de 1954, algumas mensagens começaram a ser assinadas por *Um Espírito Amigo*, que lhe chamava a atenção para o fato de os escritos não passarem de simples exercícios.

Em 1956, o Espírito selecionou algumas mensagens e lhe disse para encaminhá-las ao *Reformador*, órgão da Federação Espírita Brasileira. Tinham a mesma assinatura – *Um Espírito Amigo*. Outras seguiram, posteriormente, para o Rio de Janeiro, para o mesmo mensário, e outras mais, sempre com a mesma identidade.

Certo dia, ainda no ano de 1956, Divaldo se encontrava muito entristecido e recolheu-se para orar. *Um Espírito Amigo* lhe apareceu e perguntou:

– Qual a razão do teu sofrimento?

Ele desabafou, contando-lhe as várias dores que o abatiam.

– Qual a tua maior mágoa? – inquiriu a Entidade.

– Não saber o nome do meu guia.
– Divaldo, eu não sou teu guia. Como eu sempre te disse, sou um Espírito amigo teu. Agora, eu te pergunto, qual é o mais importante: ter um Espírito amigo ou ter o nome importante de alguém que não é amigo?
– Ter um Espírito amigo. Mas eu queria conciliar as duas coisas. Já que o senhor é um Espírito amigo, dê-me o seu nome!
– Tu queres um nome. Pois bem, na minha última reencarnação vivi as experiências num corpo feminino.
– Qual o nome?
– Chama-me Joana.

Divaldo não ficou muito satisfeito com a revelação. Não esperava que fosse um Espírito feminino e o nome Joana era muito comum. Talvez ele sonhasse com um robusto gênio da lâmpada de Aladim, que atendesse por um nome pomposo, sempre disponível para satisfazer os seus desejos...

Joanna, notando-lhe o desapontamento, perguntou:
– Não gostaste do nome?
– Gostei, sim, senhora, mas eu queria um nome mais sonoro...
– Chama-me, então, Joanna de Ângelis.
– É o nome da senhora ou pseudônimo?
– Tu querias um nome e aí o tens.

Desde então, Divaldo passou a vê-la e ouvi-la diariamente, com a aparência de uma freira, quando ele psicografava, pelas manhãs, uma mensagem curta. Ela se lhe revelava, acima de tudo, na condição de mãe, terna e dedicada.

Oportunamente, ela disse: "Pega tudo o que escrevemos até aqui e toca fogo, pois esse material não passa de simples exercício. Se Jesus permitir, voltaremos a escrever". Foi então queimado um baú repleto de mensagens, inclusive uma história infantil.

Joanna de Ângelis voltou a escrever, revelando profunda sabedoria. Já havia sido sábia em não declarar a sua identidade, preservando o médium e o grupo iniciante de possíveis perturbações e exaltações prejudiciais.

Divaldo Pereira Franco psicografando

2
A PARÁBOLA

Em 1962, Divaldo passou por uma grande provação, ficando vários dias sem condições de conciliar o sono, hora nenhuma, o que lhe trouxera constante dor de cabeça. Numa ocasião, não suportando mais, quando Joanna lhe apareceu, ele lhe falou:

— Minha irmã, a senhora sabe que eu estou passando por um grande problema, uma grande injustiça, e não me diz nada?!

— Por isso mesmo eu não te digo nada, porque é uma injustiça. E como é uma injustiça, não tem valor, Divaldo. Tu és quem está dando valor e quem dá valor à mentira, deve sofrer o efeito da mentira. Se tu sabes que não é verdade, por que estás sofrendo? Eu não já escrevi por tuas mãos: *"Não valorizes o mal?!"* Não tenho outro conselho a dar-te.

— Mas, minha irmã, pelo menos me diga umas palavras de conforto moral, porque eu não tenho a quem pedir.

Então, ela falou:

— Vou dar-te palavras de conforto. Não esperes muito.

E contou-lhe a seguinte parábola:

— Havia uma fonte pequena e insignificante, que estava perdida num bosque. Um dia, alguém por ali passando, com sede, atirou um balde e retirou água, sorvendo-a, e em seguida se foi. A fonte ficou tão feliz que disse de si para consigo:

– Como eu gostaria de poder dessedentar os viandantes, já que sou uma água preciosa!

E orou a Deus:

– Ajuda-me a dessedentar!

Deus deu-lhe o poder. A fonte cresceu e veio à borda. As aves e os animais começaram a sorvê-la e ela ficou feliz.

A fonte propôs:

– Que bom é ser útil, matar a sede! Eu gostaria de pedir a Deus que me levasse além dos meus limites, para umedecer as raízes das árvores e correr a céu aberto.

Veio então a chuva, ela transbordou e tornou-se um córrego. Animais, aves, homens, crianças e plantas beneficiaram-se dela.

A fonte falou:

– Meu Deus, que bom é ser um córrego! Como eu gostaria de chegar ao mar!

E Deus fez chover abundantemente, informando:

– Segue, porque a fatalidade dos córregos e dos rios é alcançar o delta e atingir o mar. Vai!

E o riacho tornou-se um rio, o rio avolumou as águas. Mas, numa curva do caminho, havia um toro de madeira. O rio encontrou o seu primeiro impedimento. Em vez de se queixar, tentou passar por baixo, contornar, mas o toro de madeira cerceava-lhe os passos. Ele parou, cresceu e o transpôs tranquilamente. Adiante, havia seixos, pequeninas pedras que ele carregou e outras inamovíveis, cujo volume ele não poderia remover. Ele parou, cresceu e as transpôs, até que chegou ao mar. Compreendeste?

– Mais ou menos.

"Todos nós somos fontes de Deus – disse ela – e como alguém um dia bebeu da linfa que tu carregavas, pe-

A Veneranda Joanna de Ângelis

diste para chegar à borda, e Deus, que é amor, atendeu-te. Quiseste atender aos sedentos, e Deus te mandou os amigos espirituais para tanto. Desejaste crescer, para alcançar o mar e Deus fez que a Sua misericórdia te impelisse na direção do oceano; estavas feliz. Agora, que surgem empecilhos, por que reclamas? Não te permitas queixas. Se surge um impedimento em teu caminho, cala, cresce, transpõe-no, porque a tua fatalidade é o mar, se é que queres alcançar o oceano da Misericórdia Divina. Nunca mais lamentes a respeito de nada."

"E o riacho tornou-se um rio."

Cédula de 200 pesos com a efígie de
Sóror Juana Inés de la Cruz

Residência de Sóror Juana Inés de la Cruz, em
San Miguel Nepantla, impressa no verso da cédula

Moeda de 1.000 pesos com efígie de
Sóror Juana Inés de la Cruz

3
Revelações

Em 1969, Divaldo encontrava-se proferindo palestras no México, num Congresso Pan-americano de Espiritismo, quando em sua última conferência chamou-lhe a atenção um jovem que o gravava com muito interesse. Joanna disse tratar-se de alguém que fazia parte de sua família espiritual e que Divaldo pedisse a ele para levá-lo até San Miguel Nepantla, localidade situada a oitenta quilômetros da cidade do México.

Terminada a reunião, o jovem, Engº Ignacio Dominguez Lopez, chefe da Petromex, veio agradecer-lhe pela palestra, e Divaldo solicitou-lhe informações a respeito do lugar a que Joanna se referira. O rapaz prontificou-se a levá-lo até lá.

Conduzidos pela mentora espiritual, chegaram ao lugarejo, onde havia uma propriedade que era patrimônio histórico nacional. Ali havia restos de uma antiga construção dedicada a Sóror Juana Inés de la Cruz, que é considerada uma grande poetisa da língua hispânica, a primeira feminista de fala espanhola. Na parede da casa havia inscrito um poema de sua autoria, junto ao qual Divaldo fez questão de ser fotografado com os demais companheiros. Numa das fotos, para surpresa de todos, aparece a figura de Joanna de Ângelis.

Joanna pediu a Divaldo que revelasse ao moço que Sóror Juana Inés de la Cruz havia sido ela própria na sua penúltima reencarnação. Apesar de relutar um pouco, por tratar-se de um vulto muito importante para o México, tanto assim que a moeda de 1.000 pesos tem-lhe a efígie, ele obedeceu, e o jovem levou-o dali ao Monastério de São Jerônimo, onde ela serviu e desencarnou, ofertando-lhe mais tarde o livro *Obras completas de Sóror Juana Inés de la Cruz*. Lá, Joanna contou mais detalhes sobre aquela existência, inclusive dizendo que Sóror Juana era o seu nome religioso, pois, na verdade, chamava-se Juana de Asbaje.

Estudando a vida dessa religiosa, Divaldo foi tomando conhecimento da sua elevação espiritual.

No sesquicentenário da Independência do Brasil, ela lhe disse:

– Tenho uma notícia para dar-te. Na minha última reencarnação participei das lutas libertárias do Brasil, na Bahia. Eu vivia aqui mesmo, em Salvador, no Convento da Lapa e me chamava Joana Angélica de Jesus. Vai lá, que eu te quero relatar como foi o acontecimento.

Divaldo foi, ela se apresentou com a aparência da época, contou-lhe alguns detalhes interessantes e ditou-lhe uma mensagem para as comemorações do evento.

Quando, mais tarde, Divaldo leu a obra *Boa Nova*,[1] de Humberto de Campos, psicografada por Francisco Cândido Xavier, ficou especialmente tocado por uma personagem de quem o autor narrava a história. Era Joana de Cusa.

Em 1978, indo pela terceira vez a Roma, em companhia de Nilson de Souza Pereira, Joanna conduziu-os ao Coliseu e lá revelou-lhes, com discrição, pormenores

---

[1] CAMPOS, Humberto de. [F.C. Xavier]. *Boa Nova,* cap. 15. Brasília: FEB.

da vida dos cristãos primitivos, apontando lugares célebres, entre eles o local exato onde Joana de Cusa, juntamente com seu filho, haviam sido queimados vivos. Falou a respeito da mártir com tanta riqueza de detalhes que levou ao médium a suspeita de que Joanna de Ângelis seria a mesma Joana de Cusa. Por interessante coincidência, o momento da revelação foi feito na mesma hora em que séculos atrás, no ano de 68 d. C., acontecera o martírio de Joana, seu filho e mais quinhentos cristãos, que tiveram seus corpos queimados de tal forma que as chamas iluminaram a cidade. Era a tardinha do dia 27 de agosto.

Passou o tempo. Quando, em outra ocasião, Divaldo regressou à Itália, em companhia de Nilson, Joanna convidou-os a visitarem a tumba de Francisco de Assis, o que se deu num momento propício, sem o burburinho dos turistas. Nesse local, Joanna ditou uma mensagem, intitulada *Êmulo de Jesus*, que se encontra no livro *A Serviço do Espiritismo*. No momento em que psicografava, Divaldo a viu transfigurada. Havia uma beleza lirial no seu rosto. Quando terminou a mensagem, ela disse que gostaria que visitassem o convento de Clara de Assis. Chegando lá, Joanna acercou-se da monja que os atendeu e transmitiu-lhe uma frase, em italiano, pedindo-lhe que os conduzisse ao interior, o que Divaldo repetiu para a religiosa que, induzida pela mentora, abriu-lhes a porta, emocionada, levando-os ao altar onde se encontrava o corpo de Clara. Joanna, profundamente comovida, disse-lhe:

– Há, em minha alma, um amor de ternura infinita por aquele que é o irmão da Natureza.

Joanna, certamente, havia vivido na época de Francisco de Assis como Clara, o que justificaria a sua contrição e suas lágrimas no momento em que evocava aqueles dias maravilhosos, assim como sua ligação afetiva com ele, percebida pela forma com que sempre se dirige ao Cantor da Natureza com o qual mantém a parceria no trabalho de redenção da Humanidade.

Levou-os, a seguir, à Porciúncula, ao local onde São Francisco orava, na Igreja de Santa Maria dos Anjos, à Igreja de São Damião, ao Eremitério, no alto da cordilheira da Úmbria, onde havia algo de transcendental, com aquela plantação de lavanda que o vento acariciava, deixando todos impregnados de suave perfume.

Os anos foram se passando. A sua mensagem foi esclarecendo e consolando milhares de criaturas, em várias partes do mundo.

Certa vez, Divaldo lhe perguntou por que ela nunca lhe dedicara uma mensagem particular, endereçada, especialmente, a ele. Joanna informou-lhe:

– Estranho a indagação. Porque tu hás de ter notado que eu só escrevo na segunda pessoa do singular. Sempre que o faço, dirijo-me a ti. Quando tu publicas, os outros aceitam se quiserem, mas a mensagem é dedicada a ti, para que nunca digas que não sabias. Eu já escrevi mais de duas mil mensagens por tuas mãos. Apresentei-as para a tua conduta, para a tua vida. É sempre tu.

Este Espírito, aureolado por infinito amor e profunda sabedoria, tem acompanhado Divaldo na sua tarefa de divulgação doutrinária, amparado a sua obra de assistência social, não deixando, no entanto, de se fazer presente em cada agrupamento cristão a que se vincula, levando a sua palavra de esclarecimento e conforto, qual se fora um Sol, que irradia luz, aquece e dá vida em vários lugares ao mesmo tempo.

4
Joana de Cusa

Estendendo o nosso olhar até onde nos foi permitido, nas estradas dos séculos e de acordo com as nossas suposições, algumas vezes, e em outras baseada em suas revelações, vamos encontrar Joanna de Ângelis na mansa figura de Joana de Cusa, em Clara, a amorosa discípula de Francisco de Assis, na grandiosa Sóror Juana Inés de la Cruz e na intimorata Joana Angélica de Jesus.

Joana de Cusa, segundo informações de Humberto de Campos, no livro *Boa Nova*, era alguém que possuía verdadeira fé. Narra o autor: "Entre a multidão que invariavelmente acompanhava Jesus nas pregações do lago, achava-se sempre uma mulher de rara dedicação e nobre caráter, das mais altamente colocadas na sociedade de Cafarnaum. Tratava-se de Joana, consorte de Cusa, intendente de Antipas, na cidade onde se conjugavam interesses vitais de comerciantes e de pescadores."

O seu esposo, alto funcionário de Herodes, não lhe compartilhava os anseios de espiritualidade, não tolerando a doutrina daquele Mestre que Joana seguia com acendrado amor. Vergada ao peso das injunções domésticas, angustiada pela incompreensão e intolerância do esposo, buscou ouvir a palavra de conforto de Jesus que, em vez de convidá-la a engrossar as fileiras dos que O seguiam pelas ruas e estradas da Galileia, aconselhou-a a segui-lO a distância, servindo-O dentro do próprio lar, tornando-se um verdadeiro exemplo de pessoa cristã, no atendimento ao próximo mais próximo: seu esposo, a quem deveria servir com amorosa dedicação, sendo fiel a Deus, amando o companheiro do mundo como se fora seu filho.

Jesus traçou-lhe um roteiro de conduta que lhe facultou viver com resignação o resto de sua vida.

Mais tarde, tornou-se mãe.

Com o passar do tempo, as atribulações foram-se avolumando. O esposo, após uma vida tumultuada e inditosa, faleceu, deixando Joana sem recursos e com o filho para criar. Corajosa, buscou trabalhar. Esquecendo *"o conforto da nobreza material, dedicou-se aos filhos de outras mães, ocupou-se com os mais subalternos afazeres domésticos, para que seu filhinho tivesse pão"*. Trabalhou até a velhice.

Já idosa, com os cabelos embranquecidos, foi levada ao circo dos martírios, juntamente com o filho moço, para testemunhar o amor a Jesus, o Mestre que havia iluminado a sua vida, acenando-lhe com esperanças de um amanhã feliz.

Narra Humberto de Campos no livro citado:

Ante o vozerio do povo, foram ordenadas as primeiras flagelações.

– Abjura!... – exclama um executor das ordens imperiais, de olhar cruel e sombrio.

A antiga discípula do Senhor contempla o céu, sem uma palavra de negação ou de queixa. Então o açoite vibra sobre o rapaz seminu, que exclama, entre lágrimas: – "Repudia a Jesus, minha mãe!... Não vês que nos perdemos?! Abjura!... por mim, que sou teu filho!..."

Pela primeira vez, dos olhos da mártir corre a fonte abundante das lágrimas. As rogativas do filho são espadas de angústia que lhe retalham o coração...

Após recordar a sua existência inteira, responde:
– Cala-te, meu filho! Jesus era puro e não desdenhou o sacrifício. Saibamos sofrer na hora dolorosa, porque, acima de todas as felicidades transitórias do mundo, é preciso ser fiel a Deus!

Logo em seguida, as labaredas consomem o seu corpo envelhecido, libertando-a para a companhia do seu Mestre, a quem tão bem soube servir e com quem aprendeu a sublimar o amor.

Quando, séculos depois, Francisco, o "Pobrezinho de Deus", o "Sol de Assis", reorganiza o "Exército de Amor do Rei Galileu", ela também se candidata a viver com ele a simplicidade do Evangelho de Jesus, que a tudo ama e compreende, entoando a canção da fraternidade universal.

Jesus falando aos discípulos

Ilustração Gustave Doré

5
Juana Inés de Asbaje

No século XVII, ela reaparece no cenário do mundo, para mais uma vida dedicada ao bem. Renasce em 12 de novembro de 1651, segundo uns biógrafos, e em 1648, segundo outros, na pequenina San Miguel Nepantla, a uns oitenta quilômetros da cidade do México, com o nome de Juana Inés de Asbaje y Ramirez de Santillana, filha de pai basco e mãe *criolla*.

Aos três anos de idade, fascinada pelas letras, ao ver sua irmã aprender a ler e a escrever, engana a professora e diz-lhe que sua mãe mandara pedir-lhe que a alfabetizasse. A mestra, acostumada com a precocidade da criança, que já respondia às perguntas que a irmã ignorava, passa a ensinar-lhe as primeiras letras.

"Começou a fazer versos aos cinco anos. Aos seis anos, Juana dominava perfeitamente o idioma pátrio, além de possuir habilidades para a costura e outros afazeres comuns às mulheres da época. Soube que existia no México uma universidade e empolgou-se com a ideia de, no futuro, poder aprender mais e mais entre os doutores. Em conversa com o pai, confidenciou suas perspectivas para o futuro. Dom Manuel, como um bom espanhol, riu-se e disse gracejando:

'Só se você se vestir de homem, porque lá só os rapazes ricos podem estudar.' Juana ficou surpresa com a novidade, e logo correu à sua mãe solicitando insistentemente que a vestisse de homem desde já, pois não queria, em hipótese alguma, ficar fora da universidade."[2]

Estudava e lia na biblioteca do avô. Tinha tanta determinação para aprender, que costumava cortar seus cabelos se num prazo estabelecido por ela não tivesse ainda aprendido a lição. O amor aos livros a levaria, mais tarde, a buscar o silêncio do convento, que a conduziria também ao conhecimento de Deus e de Sua Criação.

Após a morte do seu avô em 1656, vai para a cidade do México, morar com uma tia casada. Aprendeu latim em vinte aulas, tendo como professor o bacharel Martín de Olivas, e o português aprendeu sozinha. Sabia falar bem o nahuatl, a língua dos habitantes indígenas. Diante do seu prodígio, por volta dos seus treze anos, a tia a leva ao palácio real com a intenção de que fosse admitida para fazer companhia a dona Leonor Carreto, marquesa de Mancera e vice-rainha, recém-chegada à cidade, sendo de pronto aceita com entusiasmo.[3]

Na Corte, eram comuns os saraus, as cerimônias, as festas, onde ela encantou todos com sua beleza, inteligência e graciosidade, tornando-se conhecida e admirada pelas suas poesias, seus ensaios e peças bem-humoradas, sempre solicitada a fazer versos com os mais variados motivos. Segundo Fernando Benítez, seus poemas de amor são citados até hoje e suas peças são representadas em programas de rádio e televisão.

---
[2] RORIZ, Júlio César de Sá – Pesquisa bibliográfica.
[3] PAZ, Octavio. *Sóror Juana Inés de la Cruz – As armadilhas da fé*. São Paulo: Mandarim, 1998.

Um dia, o vice-rei resolveu testar os conhecimentos da vivaz menina e reuniu quarenta especialistas da Universidade do México para interrogá-la sobre os mais diversos assuntos. A plateia assistiu, pasmada, àquela adolescente responder, durante horas, ao bombardeio das perguntas dos professores. E tanto a plateia como os próprios especialistas aplaudiram-na, ao final, ficando satisfeito o vice-rei.

Bela e discreta, inteligente e solitária na sua busca, resolve entrar para o convento quando as portas largas do mundo se abriam para ela.

Eis alguns versos que Juana de Asbaje compôs:

Endechas

Si es mi alma y vida,
¿cómo podrá creerse
que sin alma me anime,
que sin vida me aliente?

Romances

Pensé desatar el lazo
que mi libertad oprime,
y fue apretar la lazada
el intentar desasirme

Si de tus méritos nace
esta pasión que me aflige,

¿cómo el efecto podrá
cesar, si la causa existe?

Quien vive por vivir sólo,
sin buscar más altos fines,
de lo viviente se precia,
de lo racional se exime;

y aun de la vida no goza:
pues si bien llega a advertirse,
el que vive lo que sabe,
solo sabe lo que vive.

Sonetos filosófico-morales

Este que ves, engaño colorido,
que del arte ostentando los primores,
con falsos silogismos de colores
es cauteloso engaño del sentido;

éste, en quien la lisonja ha pretendido
excusar de los años los horrores,
y venciendo del tiempo los rigores
triunfar de la vejez y del olvido,

es un vano artificio del cuidado,
es una flor al viento delicada,
es un resguardo inútil para el hado:

A Veneranda Joanna de Ângelis

es una necia diligencia errada,
es un afán caduco y, bien mirado,
es cadáver, es polvo, es sombra, es nada.

En perseguirme, Mundo, ¿qué interesas?
¿En qué te ofendo, cuando sólo intento
poner bellezas en mi entendimiento
y no mi entendimiento en las bellezas?

Yo no estimo tesoros ni riquezas;
y así, siempre me causa más contento
poner riquezas en mi pensamiento
que no mi pensamiento en las riquezas.

Yo no estimo hermosura que, vencida,
es despojo civil de las edades,
ni riqueza me agrada fementida,

teniendo por mejor, en mis verdades,
consumir vanidades de la vida
que consumir la vida en vanidades.

Juana Inés de Asbaje aos 15 anos

6
Sóror Juana Inés de la Cruz

Assim era conhecida Juana Inés de Asbaje no mundo de língua espanhola, cuja vida narramos no capítulo anterior.

A sua sede de saber era mais forte que a ilusão de prosseguir brilhando na corte, além de não ter o desejo de contrair matrimônio.

A fim de se dedicar mais aos seus estudos e penetrar com profundidade no seu mundo interior, numa busca incessante de união com o Divino, ansiosa por compreender Deus através de Sua criação, resolveu ingressar como noviça no Convento das Carmelitas Descalças, no ano de 1667. Desacostumada com a rigidez ascética, adoeceu e retornou à corte. Seguindo orientação do seu confessor, o padre Antonio Nuñez de Miranda, foi para a Ordem de São Jerônimo da Conceição, que tem menos obrigações religiosas, podendo dedicar-se às letras e à ciência. Tomou o nome de Sóror Juana Inés de la Cruz em 24 de fevereiro de 1669.[4]

Na sua confortável cela, cercada por inúmeros livros, globos terrestres, instrumentos musicais e científicos, Juana

---

[4] PAZ, Octavio. *Sóror Juana Inés de la Cruz – As armadilhas da fé*. São Paulo: Mandarim, 1998.

estudava, escrevia seus poemas, ensaios, dramas, peças religiosas, cantos de Natal e música sacra. Era frequentemente visitada por intelectuais europeus e do Novo Mundo, intercambiando conhecimentos e experiências.

Nas tarefas do convento, ela foi arquivista e contadora, sendo reeleita para esse cargo duas vezes.

A linda monja era conhecida e admirada por todos, sendo os seus escritos popularizados não só entre os religiosos, como também entre os estudantes e mestres das universidades de vários lugares. Era conhecida como a "Monja da Biblioteca."

A versificação de Sóror Juana é uma das mais belas e refinadas do idioma. Pouquíssimos poetas de língua espanhola a ela se igualam e nos dedos contamos aqueles que são melhores do que ela, diz Octavio Paz.[5]

Seus poemas foram publicados na Espanha, em 1689, pela vice-rainha que substituiu dona Leonor, a condessa de Paredes, María Luisa Manrique de Lara y Gonzaga, que se tornou sua amiga e admiradora desde sua chegada ao México. Esse livro de poemas é dedicado a María Luisa e a seu marido Don Tomás Antonio de la Cerda, terceiro marquês de la Laguna.

> Criou um sistema simples de anotar música, ganhou fama como pintora miniaturista e fez-se competente em Teologia moral e dogma, Medicina, Direito Canônico e Astronomia...
>
> Quando os seus poemas de amor, muitos dos quais ela considerava brincadeiras para festas da corte, foram pu-

---

[5] PAZ, Octavio. *Sóror Juana Inés de la Cruz – As armadilhas da fé*. São Paulo: Mandarim, 1998.

blicados, em 1689, os prelados fizeram saber que estavam escandalizados com uma tal poesia vinda da pena de uma religiosa.[6]

Em 1650, o padre Antônio Vieira pregou na Capela Real de Lisboa o Sermão do Mandato, que foi publicado em espanhol, como tantos outros sermões e cartas suas. Juana foi convidada em 1690, quarenta anos depois do sermão ter sido proferido, a fazer um comentário crítico sobre ele, que seria lido apenas pelo ilustre e incógnito superior que lhe pede. Ela deixa claro que não teria qualquer responsabilidade sobre sua eventual publicação, pois apenas obedece e escreve sob essa condição. Redige um documento expondo o seu ponto de vista teológico, diverso do apresentado por Vieira.

O bispo de Puebla, Manuel Fernández de Santa Cruz,[7] o possível autor do pedido à Sóror Juana, publicou em novembro desse mesmo ano o comentário acompanhado de uma reprimenda na qual aconselhava que ela se dedicasse mais às questões religiosas, havendo assinado com o pseudônimo de Sóror Filotea de la Cruz. Certamente, ele assim o fez, sob o impacto da publicação, no ano anterior, dos seus poemas amorosos, feitos em grande parte sob encomenda, quando vivia na corte. Juana, ao ler a repreensão, escreveu *"A resposta a Sóror Filotea de la Cruz"* que foi publicada em 1º de março de 1691, em que, com maestria, se autobiografa e faz uma brilhante defesa da necessidade do

___

[6] *Seleções do Reader's Digest* – Julho/72.
[7] PAZ, Octavio. *Sóror Juana Inés de la Cruz – As armadilhas da fé*. São Paulo: Mandarim, 1998.

conhecimento geral para melhor entender e servir a Deus, defendendo o direito da mulher de se dedicar às atividades intelectuais. Segundo o escritor e crítico Alberto G. Salceda, ela é a "Carta Magna da liberdade intelectual da mulher americana."

Dizia Juana, num certo trecho de sua resposta: "Como, sem a Aritmética, poder-se-ão entender tantos cômputos de anos, de dias, de meses, de horas, de semanas, tão misteriosas como as de Daniel e outras, para cujas inteligências é necessário saber as naturezas, concordâncias e propriedades dos números? Sem a Geometria, como se poderão medir a Arca Santa do Testamento, a Cidade Santa de Jerusalém, cujas misteriosas medidas fazem um cubo com todas as dimensões e aquele repartimento proporcional de suas partes, tão maravilhosas? Como, sem grande conhecimento de ambos os Direitos, poder-se-ão entender os livros legais? Como, sem grande erudição, entender-se tantas coisas de histórias profanas, de que faz menção a Sagrada Escritura? Tantos costumes de gentios, tantos ritos, tantas maneiras de falar?" E prossegue, falando de todas as ciências e artes.

Mais à frente, Juana conta que, atendendo ao pedido de uma prelada, passou uns três meses sem estudar nos livros, mas não se podia furtar à observação criteriosa de tudo o que ocorria à sua volta. Diz: *"Pois que vos poderia contar, senhora, dos segredos naturais que descobri cozinhando? Ver que um ovo se une e frita na manteiga ou azeite e ao contrário se despedaça no molho; ver que para o açúcar se conservar fluido basta jogar-lhe uma mínima parte de água em que haja estado uma fruta ácida?"*. E mais adiante: *"Se Aristóteles tivesse cozinhado, muito mais teria escrito"*.

E justificando sua inclinação para as letras, vai buscar na Bíblia, na História, na Mitologia, os vultos femininos que marcaram época pela sabedoria, vivacidade e competência. E cita, com beleza, Débora, dando leis; a sapientíssima rainha de Sabá; Ester; a deusa das ciências, Minerva, filha do primeiro Júpiter e mestra de toda a sabedoria de Atenas; Nicostrata, inventora das letras latinas e eruditíssima nas gregas; Aspásia Milésia, que ensinou filosofia e retórica e foi mestra do filósofo Péricles; a rainha Isabel, mulher de Afonso X, que escreveu sobre astrologia. E vai citando dezenas de figuras femininas, juntamente com os seus feitos e influências.

Defende o direito da mulher inteligente e capaz de lecionar e pregar livremente. Cita os Livros Sagrados, o Cântico de Maria, e outros, para justificar a sua poesia.

Essa carta é considerada uma obra-prima.

Logo depois, *"renunciou às atividades seculares, vendeu os quatro mil volumes da sua biblioteca, seus instrumentos musicais e científicos, ficando apenas com os livros de devoção. Confessou-se e assinou com o próprio sangue dois protestos de fé e apelos de clemência ao Tribunal Divino e entregou-se à mortificação ascética".*[8]

Em 1695, houve uma epidemia de peste na região. Juana socorreu durante o dia e a noite as suas irmãs religiosas que, juntamente com a maioria da população, estavam enfermas. Foram morrendo, aos poucos, uma a uma das suas assistidas e quando não restavam mais religiosas, ela, abatida e doente, tombou, vencida, aos quarenta e quatro anos de idade.

---

[8] *Seleções do Reader's Digest* – Julho/72.

Joana Angélica de Jesus

7
Sóror Joana Angélica de Jesus

Passados sessenta e seis anos de seu regresso à Pátria espiritual, retornou, agora na cidade do Salvador (BA), em 12 de dezembro de 1762, como Joana Angélica de Jesus, filha de José Tavares de Almeida e sua esposa, Catarina Maria da Silva,[9] considerados uma abastada família baiana. Em 1782, aos vinte e um anos de idade, ingressou no Convento da Lapa, como franciscana, com o nome de Sóror Joana Angélica de Jesus, fazendo profissão de Irmã das Religiosas Reformadas de Nossa Senhora da Conceição da Lapa.

A Ordem da Imaculada Conceição, também chamada Ordem Concepcionista, foi fundada no ano de 1484 na cidade de Toledo, na Espanha, por Beatriz da Silva e Meneses, declarada santa em três de outubro de 1976, pelo papa Paulo VI. Ela recebeu o apoio da rainha Isabel, e anos depois a Ordem foi aprovada em 30 de abril de 1489 pelo Papa Inocêncio VIII. Expandiu-se por vários países, chegando ao Brasil em 1733, no Mosteiro da Lapa, em Salvador, Bahia. Seguiam inicialmente a Regra de Cister, na qual o ascetis-

---
[9] Cfe. Wikipedia, verbete "Joana Angélica". Disponível em: <http://pt.wikipedia.org/wiki/Joana_Ang%C3%A9lica>. Acesso em: 8/01/2011.

mo, o rigor litúrgico e o trabalho eram as normas. Depois foi adotada a Regra de Santa Clara, com as orientações de esposar a pobreza, como exemplificou o admirável Francisco de Assis. Aliadas à pobreza, as religiosas deveriam exaltar e cultuar a Virgem Imaculada Conceição, pautando suas vidas pelo exemplo de pureza de Nossa Senhora.[10]

Joana Angélica foi irmã, escrivã, mestra de noviças, conselheira e vigária, quando, em 1815, tornou-se abadessa, e no dia 20 de fevereiro de 1822, defendendo corajosamente o convento que dirigia, a casa do Cristo, assim como a honra das jovens que ali moravam, foi assassinada por soldados portugueses que lutavam contra a Independência do Brasil.

Através do Projeto de Lei 5718/09 da deputada baiana Lídice da Mata, o nome de Sóror Joana Angélica de Jesus passou a constar, em 2010, no *Livro dos Heróis da Pátria*, depositado no Panteão da Liberdade e da Democracia, em Brasília. Segundo a deputada, este é um reconhecimento histórico à figura da religiosa. [11]

Nos planos divinos, já havia uma programação para esta sua vida no Brasil, desde antes, com sua vinculação a Portugal e quando reencarnara no México como Sóror Juana Inés de la Cruz. Daí, sua facilidade extrema para aprender o português e seu interesse pelas opiniões do padre Antônio Vieira. É que, nas terras brasileiras estavam reen-

---

[10] SANTOS, Antônia da Silva. *A Historicidade e Espiritualidade Concepcionista de Beatriz da Silva e Meneses e Joana Angélica de Jesus: algumas abordagens, alguns documentos*. Dissertação de Mestrado. UFBA. Disponível em: <http://www.filologia.org.br/viiicnlf/anais/caderno04-03.html>. Acesso em 08/01/2011.

[11] Disponível em: <http://www.politicaetc.com.br/v1/2010/06/16/homenagem-a-joana-angelica/>. Acesso em: 08/01/2011.

Local exato onde Joana Angélica foi morta

Local onde as pessoas fugiam por um túnel, embaixo deste piso

Grade na janela perto da porta de entrada do Convento

Janela do Convento

Local para lavar as mãos   Vista do interior do Convento da Lapa

Biblioteca de Joana Angélica, onde hoje é um auditório da Universidade Católica do Salvador – UCSAL

Avenida em frente ao Convento, em homenagem à Joana Angélica

(Fotos por Daniel José de Barbuda Lopes)

carnados, e reencarnariam brevemente, Espíritos ligados a ela, almas comprometidas com a Lei Divina, que faziam parte de sua família espiritual e aos quais desejava auxiliar.

Dentre esses afeiçoados a Joanna de Ângelis, destacamos Amélia Rodrigues, educadora, poetisa, romancista, dramaturga, oradora, conferencista, tradutora e contista que viveu do fim do século XIX ao início do XX e que, no ano de 1894, dedicou-lhe este soneto:

SÓROR JOANA ANGÉLICA

Infrene soldadesca, alucinada,
Sedenta de oiro, horrível de furor,
Como um tufão de ódio e de terror,
Corre pela cidade consternada...

E rouba, e mata, e vai desenfreada
Contra as paredes do Senhor,
Onde viceja da pureza a flor,
Pelos anjos do céu custodiada...

Salta a madeira aos golpes da alavanca
Da turba vil... mas, à segunda porta,
Uma figura surge, doce e branca...

É Sóror Joana que a passagem corta!
"Mate-se a freira!..." e logo a entrada franca
Se faz, por cima da abadessa morta.

No Mundo espiritual, Amélia Rodrigues prossegue, como tantos outros, junto àquela a quem tanto admira, auxiliando na implantação do Evangelho redentor.

Amélia Rodrigues

8
JOANNA NA ESPIRITUALIDADE

Quando, na metade do século XIX, *as potências do Céu* se abalaram, e um movimento de renovação se alastrou pela América e pela Europa, fazendo soar aos *quatro cantos* a canção da esperança com a revelação da vida imortal, Joanna de Ângelis integrou a equipe do Espírito de Verdade, para o trabalho de implantação do Cristianismo redivivo, do Consolador prometido por Jesus.

E ela, no livro *Após a tempestade*, em sua última mensagem, referindo-se aos componentes de sua equipe de trabalho, diz:

"Quando se preparavam os dias da Codificação Espírita, quando se convocavam trabalhadores dispostos à luta, quando se anunciavam as horas preditas, quando se arregimentavam seareiros para a Terra, escutamos o convite celeste e nos apressamos a oferecer nossas parcas forças, quanto nós mesmos, a fim de servir, na ínfima condição de sulcadores do solo, onde deveriam cair as sementes de luz do Evangelho do Reino."

Em *O Evangelho segundo o Espiritismo*, vamos encontrar duas mensagens assinadas por *Um Espírito Amigo*. A primeira, no Cap. IX, item 7, com o título *A paciência*, e a segunda, no Cap. XVIII, em *Instruções dos Espíritos*, item 15, ambas escritas em 1862 nas cidades de Havre e Bordéus, respectivamente. Se observarmos bem, veremos a mesma

Joanna que nos escreve hoje, ditando no passado uma bela página, como *A paciência,* em que ela finaliza do mesmo modo que costuma encerrar suas mensagens atuais, isto é, apresentando Jesus como o modelo para nossas atitudes, em qualquer situação.

No Mundo espiritual, Joanna estagia numa bonita região próxima da crosta terrestre – a Colônia Redenção.

Quando vários Espíritos ligados a ela, antigos cristãos equivocados, se preparavam para reencarnar, reuniu a todos e planejou construir na Terra, sob o céu da Bahia, no Brasil, uma cópia, embora imperfeita, da comunidade onde estagiava no Plano espiritual, com o objetivo de, redimindo os antigos cristãos, criar uma experiência educativa que demonstrasse a viabilidade de se viver numa comunidade, realmente cristã, nos dias atuais. Espíritos gravemente enfermos, não necessariamente vinculados aos seus orientadores encarnados, viriam na condição de órfãos, proporcionando oportunidade de burilamento, ao tempo em que, eles próprios, se iriam liberando das injunções cármicas mais dolorosas e avançando na direção de Jesus.

Engenheiros capacitados foram convidados para traçar os contornos gerais dos trabalhos e instruir os pioneiros da futura obra.

Quando estava tudo esboçado, Joanna entrou em contato com Francisco de Assis, solicitando que examinasse os seus projetos e auxiliasse na sua concretização, no plano material.

O *Pobrezinho de Deus* concordou com a mentora e se prontificou a colaborar com a obra, desde que "nessa comunidade jamais fosse olvidado o amor aos infelizes do mundo, ou negada a caridade aos filhos do Calvário, nem se estabelecesse a presunção que é vérmina a destruir as melhores edificações do sentimento moral".[12]

Quase um século foi passado, quando os obreiros do Senhor iniciaram na Terra, em 1947, a materialização dos planos de Joanna, que inspirava e orientava, secundada por técnicos espirituais dedicados que espalhavam ozônio especial pela psicosfera conturbada da região escolhida, onde seria construída a *Mansão do Caminho*, nome dado em alusão à *Casa do Caminho*, dos primeiros cristãos.

Nesse ínterim, os colaboradores foram reencarnando em lugares diversos, em épocas diferentes, com instrução variada e experiências diversificadas para, aos poucos, e quando necessário, serem chamados para atender aos compromissos assumidos na Espiritualidade. Nem todos, porém, residiriam na Comunidade, mas, de onde se encontrassem, enviariam a sua ajuda, estenderiam a mensagem evangélica, solidários e vigilantes, ligados ao trabalho comum.

A Instituição foi crescendo, sempre comprometida a assistir os sofredores da Terra, os tombados nas provações e os que se encontram a um passo da loucura e do suicídio.

Graças às atividades desenvolvidas, tanto no plano material como no Plano espiritual, com a terapia de emergência a recém-desencarnados e atendimentos especiais, a Mansão do Caminho adquiriu uma vibração de espiritualidade que suplanta as humanas vibrações dos que ali residem e colaboram.

---

[12] FRANCO, Divaldo (Manoel Philomeno de Miranda). *Painéis da obsessão*. Salvador: LEAL.

Joanna de Ângelis
Pintura de Aurora Parpal

9
A OBRA DE JOANNA

Em 1964, Joanna, por intermédio de Divaldo, escreveu o seu primeiro livro espírita, *Messe de amor*. É ela quem o inspira, juntamente com Vianna de Carvalho, Amélia Rodrigues e outros, nas palestras, despertando as almas adormecidas para as responsabilidades do espírito.

Diante da impossibilidade de atender a todos os sedentos de luz através da palavra falada, passou a escrever mais livros, mais páginas de consolação, que são distribuídos por várias partes do mundo, traduzidos para diversos idiomas, imprimindo melhor, nos corações sofridos e carentes de luz, a mensagem de amor do Mestre Galileu.

Espírito líder, segundo observação do respeitável Ismael Gomes Braga, convida Entidades elevadas para participar de sua equipe. Na literatura, surgem Rabindranath Tagore, Victor Hugo, Manoel Philomeno de Miranda, Amélia Rodrigues, Marco Prisco, Vianna de Carvalho e outros. Na área da desobsessão, convida Simbá, pseudônimo de um núbio descendente de nobre família islâmica, que vivia cristámente, como *bom samaritano*, nas areias quentes do deserto. Para atender à mediunidade, vem João Cléofas. Na orientação espiritual, junto ao receituário, reúne um grupo de médicos e enfermeiros espirituais, entre os quais Dr. Bezerra de Menezes, Scheilla e outros abnegados servidores. No campo da Assistência Social, convida Anália Franco, Fabiano de Cristo e mais inúmeros Espíritos experientes no serviço ao próximo.

Desde 1986, quando este livro foi escrito, a Mansão do Caminho, construída numa bonita área de 77.546,83m^2, vem passando por grandes transformações.

Inaugurada no dia 15 de agosto de 1952, no bairro da Calçada, como departamento do Centro Espírita Caminho da Redenção (fundado em 7 de setembro de 1947), sendo transferida em definitivo para o afastado bairro do Pau da Lima em 1964, foi pioneira, no Brasil e na América Latina, no atendimento a menores carentes em unidades-lares, objetivando a reconstituição do ambiente familiar, onde crianças órfãs ou socialmente órfãs residiam em lares com uma tia ou um casal de tios que lhes proporcionavam o aconchego de um lar.

A partir de 1987, acompanhando o progresso das modernas ciências sociais e pedagógicas, à medida que as crianças cresciam e se emancipavam para viver suas próprias experiências, os lares iam sendo substituídos por grupos escolares e outras atividades assistenciais, recebendo crianças, jovens e adultos carentes, provenientes do bairro do Pau da Lima e adjacências, que durante o dia são beneficiados com educação integral e atendimento a necessidades outras, retornando em seguida para o seu núcleo familiar e afetivo.

Residem ainda na Mansão do Caminho 11 pessoas, incluindo Divaldo e alguns colaboradores.

O Centro Espírita Caminho da Redenção teve a sua sede transferida do bairro da Calçada para a mesma área da Mansão do Caminho, reunindo, assim, todas as atividades num só lugar.

Assemelhando-se a um grande núcleo de orientação, onde há pesquisa, experimentações nas diversas áreas e a busca do desenvolvimento da solidariedade tal qual ensina o Evangelho, tem expandido para várias regiões do mundo os resultados de suas atividades e os seus projetos, visando sempre ao bem da Humanidade e à iluminação do Espírito imortal.

Em 2010, o Centro Espírita Caminho da Redenção atendeu os que o buscavam através das mais diversas formas, já tendo abrigado e orientado, desde a criação da Mansão do Caminho, a 680 menores carentes. Dispõe de cursos profissionalizantes e de escolas, do curso maternal ao 9º ano do Ensino Fundamental; creche com 160 crianças, filhas de famílias necessitadas do bairro; assistência a umas 200 famílias, tidas como recuperáveis socialmente, feita com a ajuda da Casa da Cordialidade e Lar Fabiano de Cristo, vinculados à CAPEMI, cujo convênio foi encerrado em 2010; atendimento médico, terapêutico e odontológico, exames clínicos, curativos, injeções e distribuição de medicamentos, assistindo mais de 21.000 pessoas anualmente; livraria, editora e gráfica com milhares de livros e revistas editados e outros milhares de mensagens impressas e distribuídas gratuitamente, todas psicografadas por Divaldo. Incluindo outras editoras, já foram distribuídas mais de 8.500.000 obras.

Só da autoria de Joanna de Ângelis, são mais de setenta livros publicados. Foram traduzidos livros para diversos idiomas: dois ao albanês, dezesseis ao alemão, sessenta e quatro ao castelhano, um ao catalão, seis ao esperanto, dez ao francês, um ao holandês, três ao húngaro, vinte e um ao inglês, dez ao italiano, dois ao norueguês, um ao polonês, um psicografado em castelhano e vertido ao português, sete ao sueco, cinco ao tcheco e dois ao turco. Foram escritos quatorze em Braille. De Joanna foram traduzidos 41 livros para 10 idiomas.

Das mensagens recebidas pelo médium, foram gravadas dezenas de CDs, encontrando-se também em mais de cento e setenta DVDs, os seminários, workshops, relatos de viagens e conferências.

O Centro Espírita Caminho da Redenção possui, também, uma panificadora, que serve à comunidade interna; uma carpintaria, a Caravana Auta de Souza, que socorre 300 famílias de idosos carentes e doentes irreversíveis. O Círculo de Leitura Espírita, Sala de Costura, Bazar, Bibliotecas, Sala de Recreação, Quadra de Esportes, Almoxarifado, Lavanderia Industrial, salões amplos para os mais diversos tipos de atendimento, como palestras doutrinárias, cursos, seminários, fluidoterapia, aulas para a infância e adolescência, orientação a pessoas com os mais diversos tipos de problemas, assistência a necessitados e outros serviços mais.

E Joanna, a suave mentora, por trás disso tudo, orientando e amparando, revitalizando e infundindo bom ânimo quando os trabalhadores, do *lado de cá*, combalidos, esmorecem e se cansam, pensando às vezes em desistir.

Joanna, a *grande Senhora*, como a chamam alguns, prossegue escrevendo "rios de Evangelho, rios de Esperança, torrentes de Amor", no linguajar bonito da poetisa argentina Alfonsina Storni que, no Além, dedicou-lhe um lindo poema no ano de 1966, através do médium Tito Cano, também argentino.

Quadro do séc. XIX (anônimo), representando o martírio da "Sóror Joana Angélica" – autoria atribuída a religiosa do Convento da Lapa, Salvador, Bahia.

Juana Inés de Asbaje
(Que adotou depois o nome de Sóror Juana Inés de la Cruz)

Sóror Juana Inés de la Cruz
(Adulta)

10
OBJETIVOS DE JOANNA

Nas mensagens de hoje, vemos Joana de Cusa, Clara, Sóror Juana Inés, e Joana Angélica de ontem, sempre disposta ao sacrifício de si mesma, a fim de fazer brilhar a luz clara do Evangelho do Senhor.

Na mensagem *Cristãos de ontem, testemunhos de hoje* (Mártires da fé), no cap. 4 do livro *A Serviço do Espiritismo*, ela nos diz que *"seguir as estradas da Galileia pelas imensas avenidas das modernas megalópoles do mundo hodierno, vencer os apelos rudes das paixões infrenes e inferiores constituem a prova testemunhal da união com Jesus, da impregnação da Sua mensagem na vida"*.

E finalizando esta mensagem, temos a impressão de ouvir a própria Joana de Cusa, na hora do seu testemunho no circo romano, a nos falar: "(...) *mantenhamos o indestrutível ideal e pensamento do Cristo, no mundo, através da ação do bem sem limite, não importando quanto tempo passe e quanto sacrifício ainda nos seja exigido"*.

Gina Cerminara, no livro *Novas descobertas sobre reencarnação*, nos diz que uma das provas da reencarnação é a semelhança física de uma para outra vida, assim como o uso dos mesmos nomes e, no caso de Joanna de Ângelis, além desses pontos de referência, vemos a similitude dos estilos e das ideias, assim como da própria maneira de viver.

✳

Agradeçamos a Deus pela Sua misericórdia e bondade, permitindo-nos usufruir da companhia de tão nobre Entidade, que, *servidora humílima e maternal*, como a si mesma se denomina, fiel ao tão amoroso Jesus, almeja apenas ver a Terra transformada num celeiro de bênçãos e de paz, um mundo verdadeiramente cristão, como todos nós sonhamos. Diz ela:

> "Evidente que nossas pretensões não ambicionam reformar nada, senão nos reformarmos a nós mesmos. Primeiro, incendiar de entusiasmo e esperança a Terra e as criaturas dos nossos dias, aprofundando estudos no organismo rígido da Codificação, de modo a trazê-la ao entendimento das massas, repetindo as experiências santificantes dos homens do Caminho, que abriam as portas das percepções às Entidades espirituais nos seus cenáculos de comunhão com o Reino de Deus.
>
> Estribados no amor fraterno e alicerçados no estudo consciente dos postulados espíritas, promovamos o idealismo ardente, produtivo, abrasador, com que se forjam lídimos servidores das causas superiores, convocando as multidões, ora desassisadas, que caíram nos despenhadeiros da alucinação por não encontrarem mãos firmes na caridade da iluminação de consciências e no arado da fraternidade, concitando-as ao soerguimento e à renovação.
>
> ...E unidos uns aos outros, entre os encarnados e com os desencarnados, sigamos.
>
> Jesus espera: avancemos!" [13]

Sigamos, pois, sem mais demora.

---

[13] FRANCO, Divaldo (pelo Espírito Joanna de Ângelis). *Após a tempestade*, última mensagem. Salvador: LEAL.

A obra

Mansão do Caminho (Casa da administração)

Início das atividades na Mansão do Caminho

Criança da Mansão do Caminho

(Fotos por Celeste Carneiro)

11
Vivendo o amanhã

Experiência da autora na Mansão do Caminho, na época da primeira edição deste livro.

O Sol desponta no horizonte.
A aurora derrama toda a luz e todas as cores sobre a Terra. A Lua e as estrelas se despedem suavemente.
Inicia-se o festival de canto dos pássaros. São inúmeros e parecem pousar em nossas janelas, anunciando, alegres, que um novo dia nos espera.

No interior das casas, começa-se a ouvir outra melodia, suave, doce como um aconchego, querendo nos despertar.

Em poucos minutos, todas as casas estão orando. Por uma caixa de som ouvem-se mensagens de esclarecimento, encorajamento e paz, acrescidas de pequenos lembretes e prece.

E têm início as atividades desse grande lar, dessa pequenina cidade, da comunidade cristã que ensaia os passos pelas estradas da fraternidade.

Crianças e jovens vasculham toda a área, deixando tudo limpinho. Tios e tias orientam as tarefas de cada um e preparam o café da manhã.

Em seguida, cada um segue na direção de suas atividades.

Vê-se a avenida enfeitada do azul e branco dos alunos das escolas. Os pequeninos, saltitantes, são conduzidos ao Jardim Infantil de onde só retornarão à tarde, após o lanche; os demais dirigem-se à Gráfica onde milhares de mensagens de consolo são impressas, em livros e avulsas; ao Círculo de Leitura Espírita, no trabalho de divulgação doutrinária; ao Posto Médico, auxiliando os médicos, dentistas e laboratoristas no socorro aos enfermos internos e externos, à comunidade; à Creche, facultando que as mães, necessitadas do trabalho remunerado, deixem tranquilas seus filhos recém-nascidos sob a guarda de segura proteção; à Livraria, que despacha semanalmente centenas de livros para as diversas regiões do mundo; à Panificadora, que nos mantém e atende ao bairro; à Lavanderia, para que, no final de semana, possamos receber as roupas já limpas; à Cozinha Geral, preparando o alimento de cada dia.

Alguns seguem para a oficina profissionalizante, realizando trabalhos de artesanato, outros para a marcenaria, auxiliando nos consertos e confecções de móveis para os lares, e ainda outros para o curso de datilografia.

Veem-se também jovens eletricistas e encanadores, passando apressados com seus instrumentos de trabalho para fazerem os reparos necessários.

Algumas meninas e adolescentes passam com seus bolos de linha e agulha para a aula de crochê.

Na portaria, o senhor responsável por ela vai orientando as centenas de necessitados que se dirigem à Casa da Cordialidade, onde receberão mantimentos, palavras de consolação e esperança, além da ajuda de que precisarem para que se tornem recuperados socialmente; encaminha à sala de assistência e orientação espiritual os que buscam os benefícios dos passes espirituais e magnéticos; recebe e

A Veneranda Joanna de Ângelis

conduz os idosos para a Caravana, onde tomarão sopa e sairão levando mantimentos e paz.

Mas, nem só os carentes socialmente adentram por aquele amplo portão. Também chegam os colaboradores que irão aos diversos setores de atividades. As senhoras que, alegres, dedicam-se à costura e remendo de nossas roupas; os senhores que vêm cortar os cabelos das crianças e jovens; as tias que servem no Almoxarifado, atendendo às nossas necessidades; os que procuram o Bazar, sempre cheio de novidades feitas com muito carinho, especialmente para eles; os que vêm nos conhecer, oriundos das regiões mais distantes, em pequenos grupos ou em grupos maiores, sendo conduzidos para a sala de recepção de onde serão acompanhados e orientados na visita às nossas dependências. E, no passeio, comovem-se com o Lar das Idosas, no qual residem as tias que já deram o melhor de si, durante anos de serviço constante junto aos pequeninos e jovens, e que agora fazem tarefas mais amenas. E se alegram ao ver grupos de jovens e crianças com seus professores, recebendo aulas ao ar livre ou na Sala de Artes, ao som de música, num clima de carinho e descontração.

Muitos desses visitantes, ao saírem, dirigem-se à Secretaria e, entusiasmados, fazem doações ou se tornam sócios de algum departamento da Instituição.

A rua encontra-se encharcada de Sol. A música do trabalho vibra em tudo. Operários erguem novas construções. Trabalhadores cuidam da horta e do criatório de animais. Do lado de fora, os necessitados do bairro vêm receber a sopa e o pão, distribuídos diariamente. A comunidade assemelha-se a uma colmeia fabricando o mel do bem com Jesus. Aqui, disputa-se quem serve mais e melhor, de acordo com os ensinamentos do Mestre, ministrados nos cultos matinais, nas reuniões doutrinárias e mediúnicas, nas aulas de Evangelização e nos estudos pessoais. Há em todos uma ansiedade comum: crescer espiritualmente, aproveitando as lições que o serviço oferece, funcionando este como recurso intermediário para atingirmos o fim a que nos propomos.

Meio-dia soa a sirene e há o desfile de marmitas, trazidas da Cozinha Geral com o alimento, em direção aos lares que, em prece, agradecem pelo que dispõem. Após ligeiro descanso, o reinício das atividades que se encerrarão à tardinha.

Tomado o banho e arrumadas, as crianças brincam em algaravia na frente das casas, enquanto alguns jovens conversam e riem na alegria e nos sonhos de sua idade; outros, jogam bola na quadra de esportes. Alguns tios, sentados à porta, observam e aprendem a conhecê-los melhor para melhor ajudar.

Paira no ar uma suave e doce melancolia.

Os passarinhos brincam no céu e pousam ligeiros nas cumeeiras das casas, nas árvores dos jardins sempre floridos e bem cuidados, nas cercas e muros.

A cada instante ouve-se o chilrear variado das aves que aqui residem.

A voz de alguém soa como que longínqua, mesmo estando perto. As flores parecem tão silenciosas...

Dentro da gente uma sensação feliz e cheia de esperança. Em nossos olhos a ternura que acompanha em deslumbramento as variações do céu no dia que anoitece.

A Veneranda Joanna de Ângelis

✷

    Após servido o jantar, os jovens dirigem-se para o estudo dos deveres escolares, sob a orientação de monitores e tios, enquanto os menores são auxiliados pelas tias na execução de suas tarefas escolares. Em dias alternados, elas seguem para as reuniões, mediúnicas ou doutrinárias, enquanto alguns dos filhos mais velhos orientam os menores.
    A noite calma e silenciosa convida à reflexão, ao exame de nossas atitudes. E nos sentimos honrados por participar dessa "colmeia" de amor, onde há trabalho para todos os gostos e tendências, com amplas possibilidades de crescimento interior, pelo fato de estarmos sendo testados constantemente, exigindo de nós mesmos permanente esforço para mantermos a conduta pautada nos ensinamentos cristãos, buscando exercitar a paciência, a tolerância, a compreensão, a solidariedade, o desapego, a harmonia, o amor, o respeito mútuo, sem, no entanto, nos esquecermos de que não devemos colocar as nossas esperanças nem firmar os nossos ideais em pessoas ou obras materiais, porque essas se modificam e passam, mas sim na essência espiritual que sobrevive a tudo e está sempre presente, independente de situações, circunstâncias, pessoas e lugares, pois é o reflexo de Deus, eterno e imutável a nos trazer perene consolação.

✷

    Os lares encontram-se envoltos em profundo silêncio.
    A Mansão do Caminho parece inativa, no entanto, do outro lado da vida, no Plano espiritual, desdobram-se as

atividades de socorro e assistência, num ritmo ainda mais acelerado que aquele visto durante a vigília, como se todos sentissem a urgência da implantação do bem na Terra.

A madrugada vai alta. Logo mais seremos brindados pelo novo Sol que surgirá no horizonte, iniciando outro dia de luz...

Mansão do Caminho

Creche A Manjedoura

Jardim Esperança

Confraternização na Gráfica, 1986

Divaldo com professoras e funcionárias da Escola Estadual Jesus Crito

Lar das Idosas

Escola Alvorada Nova

Tios da Mansão do Caminho, 1986.

(Foto por Nilson de Souza Pereira)

12
OS SEMEADORES DA NOVA ERA

No ano de 1988, Joanna de Ângelis ditou uma interessante mensagem, que está publicada na *Revista Presença Espírita*, de maio/junho daquele ano.

A Mansão do Caminho vinha passando por uma transformação gradativa e Joanna, sempre vigilante e cuidadosa, esclareceu-nos e convidou-nos para essa nova fase.

Diz ela na referida mensagem, entre outras coisas:

"(...) Parada é prejuízo na economia do progresso.

(...) Tudo é movimento.

(...) Este ano, a nossa Casa inicia uma experiência nova, para a qual convidamos os companheiros, um a um, a pouco e pouco na sucessão dos dias porvindouros.

A finalidade da experiência é servir de piloti para tentames mais audaciosos."

"(...) Há quem se contente com a ilusão. Outrem exige ambição mais vasta. Alguém sorri com os brinquedos que o enternecem. Muita gente transpira e exaure-se na busca das finalidades profundas. Nossa Casa é um laboratório de experiências espirituais, educandário de almas, lar de esperança. Não aguardamos personalidades santificadas entre nós, que elas não existem ainda na Terra. Desejamos companheiros resolutos que, reconhecendo as próprias debilidades, lutam por superá-las.

Para os novos empreendimentos do nosso labor, preparando o advento da NOVA ERA, convidamos-vos, meus filhos.

(...) Se é perigosa a inovação frívola que muda de um para outro ideal insensatamente, não menos grave é a modorra no repetir da mesma experiência, qual a oxidação perigosa dos metais de sustentação daquilo em que se apoiam.

Está nos planos de quem nos dirige dilatar a nossa capacidade iluminativa de consciências, aprofundar, em qualidade, o labor de preparação de homens para o Reino do Cristo sem desprezar o socorro da caridade gentil, que é o combustível do nosso ideal junto aos esfaimados e trôpegos, aos órfãos, aos carentes, aos enfermos e tresvariados.

Não apenas ali, porém, deter o nosso passo. Ir mais além, na estrutura do homem espiritual, despertando-o para a sua realidade interior e eterna. É claro que se trata de um convite e de uma oferta. E cada um, meditando no que deseja e no que pode oferecer, predispor-se-á ou não a engajar-se na marcha nova do nosso labor em favor de nós próprios e, como resultado, da Humanidade em que nos encontramos como membros essenciais.

Acenamos para os filhos a reflexão em torno da tarefa de educar à luz do Espírito imortal, de servir diante da iluminação pessoal e de ser feliz pela realização intransferível.

Este ano, repetimos, nossa Casa lentamente adotará comportamento novo, convocando almas para o primado do Espírito eterno.

Rogamos as vossas vibrações de simpatia pela tarefa que vos será apresentada no momento próprio e convocamos-vos para o trabalho essencial da vossa transformação íntima, pois que, do contrário, enganando-nos uns aos outros, mudaremos de postura sem alterarmos a condição íntima...

(...) Jesus, a Quem servimos, e de cujo labor nos regozijamos, confia em nós, espera por nós, aguarda de nós. Demo--nos as mãos, tolerando-nos, socorrendo-nos e avançando em etapas..."

A Veneranda Joanna de Ângelis

Desde o ano de 1985 que pairava no ar da instituição um clima que prenunciava mudanças...

Joanna proporcionou-nos, nesse ano de 1985, a publicação do livro de bolso *Episódios diários,* modificando sua forma de ditar as mensagens, procurando atender, através de textos curtos, àqueles que não dispunham de tempo para ler uma página mais longa.

Entre os inúmeros Espíritos que nos visitavam, Divaldo registrou, nessa época, as presenças de Swami Vivekananda e equipe, que inspiravam a prática da meditação e do autoconhecimento, sendo utilizadas em nossas reuniões, algumas vezes, visualizações criativas, objetivando a harmonia íntima, a cura de enfermidades, o encontro consigo.

Era tudo um preparo para a nova fase que iríamos viver.

Logo após essa mensagem de Joanna, que foi recebida em fevereiro de 1988, Divaldo e Nilson, a convite do Prof. Hermógenes, do Rio de Janeiro, viajaram na companhia dele à Índia, onde permaneceram por um mês.

Visitaram várias cidades e participaram das cerimônias diárias no *ashram* de Sathya Sai Baba, um extraordinário homem que muito sensibilizou Divaldo, marcando-o profundamente.

Nesse mesmo ano, Joanna escreveu o livro *Momentos de meditação,* por intermédio de Divaldo, no qual ensina, de forma clara e simples, as técnicas para fazer meditação, e aborda temas que auxiliam a pessoa a manter-se centrada, equilibrada, em paz.

Ainda em 1988, Joanna traz-nos o livro *Vida Feliz.* Semelhante ao livro de Carlos Pastorino, *Minutos de sabedoria,* contém mensagens muito curtas, mas de profunda sabedoria, com a beleza e delicadeza de uma pétala de rosa sobre uma taça repleta de líquido.

No ano seguinte, ela deu início a uma série de livros com abordagem psicoterapêutica, em busca de solução para o sofrimento humano, aprofundando o estudo da Psicologia com enfoque na junguiana e transpessoal.

No primeiro livro da série, J*esus e atualidade,* ela apresenta Jesus como o psicoterapeuta, "Modelo e Guia" para todos nós. Diz ela no seu prefácio: *"Profundo conhecedor da psique, Jesus penetrava com segurança nos refolhos do indivíduo e descobria as causas reais das aflições que o inconsciente de cada um procurava escamotear."*

"A atualidade necessita urgentemente de Jesus descrucificado, companheiro e terapeuta em atendimento de emergência, a fim de evitar-lhe a queda no abismo."

Divaldo, no ano de 1989, reformulou uma das escolas que funcionam na Mansão, passando a atender aos chamados *meninos de rua*, em regime de semi-internato, com aulas normais num turno e cursos profissionalizantes no outro. Merecem destaque as aulas de dança e de canto coral, cujos alunos se apresentaram em vários lugares com sucesso, assim como as lindas tapeçarias e peças de cerâmica, que são comercializadas para benefício dos próprios alunos.

Era a teoria colocada em prática, a materialização dos anseios superiores, a mensageira do Céu em comunhão perfeita com o mensageiro da Terra.

Ainda em 1989, Joanna escreveu, por intermédio de Divaldo, *Momentos de coragem* e *Momentos de esperança,* prosseguindo, paralelamente, com a série de livros de bolso que inicia o título com *Momentos*, como se estivesse alentando os sofredores da Terra, acolhendo-os em seu regaço, qual mãe carinhosa e boa.

Em 1990, fomos agraciados com o livro *O Homem integral,* oriundo da psicografia do médium Divaldo Franco, no qual Joanna "procura oferecer terapias de fácil aplicação, fundamentadas na análise do homem à luz do Evangelho e do Espiritismo, de forma a auxiliá-lo no equilíbrio e no amadurecimento emocional, tendo sempre como ser ideal Jesus, o Homem Integral de todos os tempos."

Foi fundado, no mês de abril desse ano, o Instituto de Pesquisas Psíquicas – IPP, com o objetivo de *"realizar estudos e pesquisas de fenômenos psíquicos que envolvem a realidade do Espírito; promover e divulgar os avanços científicos na área psíquica, bem como promover eventos nessa área"*, já havendo, anteriormente, realizado um simpósio sobre Reencarnação – Projeto Joanna de Ângelis, e curso de Metodologia Científica. O IPP funcionou até dezembro de 1999.

Ainda em 1990, a LEAL publicou *Momentos de alegria*, e Divaldo, qual o apóstolo Paulo de Tarso, levou a mensagem da Boa-nova, que alegra a quem a recebe, a Praga (então Tchecoslováquia, hoje República Tcheca), no mês de junho, tentando retirar o gelo do ceticismo dos corações materialistas. Era a primeira vez que se falava sobre o Espiritismo na região chamada *Cortina de Ferro*, após a queda do Muro de Berlim. Na Alemanha, Joanna escreveu, com o mesmo recurso mediúnico, uma mensagem em alemão, impressionando todos pelo fato de o médium não dominar o idioma.

Em março de 1991, Divaldo viajou ao Japão e à Malásia, estreitando laços com a cultura oriental.

Nesse mesmo ano, foi lançado o livro *Plenitude*, com análise do sofrimento "conforme a visão budista e a cristã", sendo proposta a solução espírita, "em razão da atualidade dos postulados que constituem a Revelação do Consolador, convidando o homem ao autodescobrimento, à vivência evangélica, ao comportamento lúcido advindo do estudo e da ação iluminativa na trilha da caridade fraternal."

E Joanna, sempre ávida por iluminar consciências, bateu recorde em suas atividades literárias: trouxe-nos mais quatro livros da série *Momentos*, totalizando cinco editados num só ano! Além de *Plenitude*, enriqueceu-nos com os seguintes *Momentos: de Felicidade, de Harmonia, de Iluminação, e Momentos de consciência*.

Dedicou um dos livros da série *Momentos* à questão da saúde, como um reflexo da harmonia íntima decorrente do amor conquistado pelo processo do autodescobrimento. É assim que, em 1992, veio a público o livro *Momentos de saúde*, também integrando a série de livros sobre Psicologia Espírita. É desejo de Joanna participar do "esforço desenvolvido pelos sacerdotes da área da saúde, procurando diminuir o abismo entre a Ciência em si mesma e a Religião, apresentando sempre Jesus como o Psicoterapeuta incomum."

Em 1993, Divaldo psicografou *O ser consciente*, no qual "estuda algumas problemáticas humanas à luz da quarta força em Psicologia (a Transpessoal), colocando uma ponte na direção da Doutrina Espírita, que é portadora de uma visão profunda e integral do ser."

Brindou-nos com mais um livro da série *Momentos*, no ano seguinte: *Momentos enriquecedores*.

No ano de 1995, mais outro título: *Autodescobrimento – uma busca interior*, em que, falando aos "interessados na decifração de si mesmos", ela (Joanna) tenta "colocar pontes entre os mecanismos das psicologias humanista e transpessoal com a Doutrina Espírita, que as ilumina e completa, assim cooperando de alguma forma com aqueles que se empenham na busca interior, no autodescobrimento."

Nesse mesmo ano, Divaldo atendeu ao convite do jornalista Marcelo Nonato, do canal 4 de Televisão, CNT-Aratu, para ser entrevistado a cada última sexta-feira de todo mês, esclarecendo o público sobre as questões do Espírito e o comportamento cristão.

Em 1996, veio a lume o livro *Desperte e seja feliz,* alertando-nos que "é necessário que haja um despertamento para os valores do Espírito eterno, a fim de que se consiga a identificação consigo mesmo e com o bem."

Sempre pela psicografia do médium Divaldo Franco, chegam-nos, em 1997, *Adolescência e vida,* no qual Joanna aborda questões atuais sobre esse importante período da existência; e *Vida: desafios e soluções,* em que ela enfoca o "valioso concurso das doutrinas psíquicas em geral, e da Psicologia espírita em particular," para contribuir com a "construção de uma consciência saudável, de um ser responsável e lúcido, de uma sociedade feliz."

Nos anos seguintes, ela prosseguiu os seus estudos psicológicos com os livros: *Amor, imbatível amor,* em 1998; *O despertar do Espírito,* e *Jesus e o Evangelho à luz da Psicologia Profunda,* em 2000; *Triunfo pessoal,* em 2002. Em 2005, *Conflitos existenciais;* em 2006, *O amor como solução,* e *Iluminação interior*; em 2007, *Encontro com a paz e a saúde;* em 2009, *Em busca da verdade* e em 2010, *Vitória sobre a depressão.*

Até 2011, a *Série Psicológica Joanna de Ângelis* ficou composta dos seguintes livros: 1- *Jesus e Atualidade* (1989); 2 - *O Homem Integral* (1990); 3 - *Plenitude* (1991); 4 - Momentos de Consciência e Momentos de Saúde (1991 – 1992); 5 - O Ser Consciente(1993); 6 - *Autodescobrimento: Uma Busca Interior* (1995); 7 - *Desperte e Seja Feliz* (1996); 8

- *Vida: Desafios e Soluções* (1997); 9 - *Amor, Imbatível Amor* (1998); 10 - *O Despertar do Espírito* (2000); 11 - *Jesus e o Evangelho à Luz da Psicologia Profunda* (2000); 12 - *Triunfo Pessoal* (2002); 13 - *Conflitos Existenciais* (2005); 14 - *Encontro com a Paz e a Saúde* (2007); 15 - *Em Busca da Verdade* (2009); e 16 - *Psicologia da Gratidão* (2011).

Já se passaram mais de duas décadas, desde que a querida mentora anunciou as transformações.

Aos poucos, de modo quase imperceptível, foram surgindo novas atividades, algumas tarefas sendo substituídas por outras, o trabalho tomando uma dimensão bem mais ampla, o enfoque sendo mais dirigido para a libertação da consciência, através do autoconhecimento e do despertar do Espírito imortal.

Foi implantado o *Projeto Manoel Philomeno de Miranda,* pelo qual uma equipe de companheiros, fiéis ao pensamento de Joanna, divulga conhecimentos relativos à área mediúnica, em Centros Espíritas de Salvador e de várias cidades do país.

O *Estúdio Alvorada* deu início às suas atividades, produzindo gravações das palestras e seminários, *workshops* realizados por Divaldo, em fitas de vídeo e áudio inicialmente, e agora em CDs e DVDs, assim como de cenas cotidianas da Mansão do Caminho, a fim de difundir o bem de forma ampla e atualizada.

A Gráfica vem sendo modernizada cada vez mais, procurando tornar mais ágil e de excelente qualidade o processo de confecção de livros, da Revista *Presença Espírita* e de mensagens.

Foram criados o Museu de Antiguidades; Acervo Técnico (medalhas, pergaminhos, diplomas, homenagens e outro setor para as correspondências arquivadas); Ginásio de Esportes Gabriel Júlio; Quadras de Esportes; Unidade de Promoção Integral da Família (Projeto Saúde Integral); Centro Empresarial Redenção; Artesanato/Tapeçaria; Apoio e orientação aos visitantes; O Movimento Você e a Paz.

A instituição informatizou-se, estando ligada também à Internet, com *site* sobre a Mansão do Caminho e Divaldo, suas atividades e roteiros de viagens, além das atividades gerais do Centro Espírita Caminho da Redenção.

Divaldo Franco e Nilson com amigos e colaboradores
do Rio Grande do Sul

Foi treinada uma grande equipe para auxiliar Divaldo nos atendimentos, daí surgindo o *Atendimento Fraterno*, que esclarece aos que o buscam, sendo encaminhados a Divaldo apenas os casos graves, de difícil solução, ou que só a mediunidade dele pode esclarecer. Dessa forma, o médium é poupado, enquanto as pessoas vão exercitando o desapego e a confiança em Deus, já que ninguém vive eternamente no corpo físico e só Ele, Deus, fica conosco para sempre.

Foram substituídos os passes individuais nas reuniões públicas, pelos denominados passes coletivos, de igual eficácia.

Divaldo Franco psicografando ao lado de
tia Lygia Banhos

Divaldo intensificou o programa de divulgação desses ensinamentos de Joanna através de cursos, seminários, *workshops,* pelo mundo afora, e outros divulgadores da Doutrina têm seguido o seu exemplo.

No ano de 1997, foram comemorados os 50 anos de mediunidade de Divaldo, com grande alegria para todos, nas mais diversas regiões do planeta. Sempre incansável na vivência do Evangelho do Senhor, ele tem sido um verdadeiro apóstolo, desbravando as terras inóspitas e nunca antes visitadas pelos divulgadores da Doutrina Espírita e do Evangelho de Jesus, para levar o consolo e a libertação de consciências.

Como bem disse Chico Xavier, em comentário a D. Altiva Noronha, que escreveu, na Revista *Presença Espírita,* de julho/agosto de 1992: *"É impressionante o nosso Divaldo! Ele é como um grande trator a desbravar as matas, preparando as estradas, revolvendo as areias e obstáculos por onde passa. Vencendo as barreiras, derrubando preconceitos e afastando dificuldades, Divaldo, com o seu gigantesco trabalho, abre clareiras luminosas para o entendimento e o amor, espalhando esperanças, levando a Grande Mensagem. Ele é mesmo um trator de Deus!".*

E Carlos A. Baccelli, prestando homenagem a Divaldo pelo seu Jubileu de Ouro na Doutrina Espírita, diz, entre outras coisas:

"Durante algum tempo, como se fosse um réprobo dentro do próprio Movimento, sofreu discriminações e foi vítima de injustiças que, felizmente, lhe serviram de incentivo à perseverança e de inspiração para a luta, da qual nunca desertou.

Ao lado de Chico Xavier, Divaldo se constituiu num dos maiores expoentes de nossa fé, cabendo-lhe, por justiça, a condição de coliderança que naturalmente exerce e que, a nosso ver, deveria congregar mais os confrades empenhados na tarefa de espiritualização de si mesmos e da Humanidade. E quem, entre todos os expoentes da Doutrina Espírita, senão Divaldo e Chico Xavier consegue arrastar multidões?!"

E Chico, mesmo desencarnado no ano 2002, atrai multidão para assistir a filmes que retratam sua vida e seu trabalho, deixando a todos comovidos diante dos seus exemplos de dedicação e amor ilimitado por todos. Muitos procuram avidamente os livros por ele psicografados e vão aos Centros Espíritas para conhecer mais sobre a Doutrina.

Sempre atento à orientação que vem do Alto, sintonizado com os dirigentes desta grande obra a que se vem dedicando, Jesus, Francisco de Assis, Joanna de Ângelis e outros que desconhecemos, Divaldo vai superando os obstáculos, contornando os empecilhos, magnetizado pelo amor sublime que o encaminha ao Pai...

Nessa trajetória, ele vai convidando de forma direta ou indireta, todos os que entram em contato com ele, para usufruir das benesses que o serviço do Senhor oferece.

Sem incomodar-se com os críticos contumazes, nem perder tempo com os que insistem em permanecer estacionados, avança ao lado de Joanna, lançando as sementes de uma Nova Era, na qual, por certo, o bem e o amor estarão estampados na fisionomia de todos os que participarem dessa nova fase do nosso planeta.

Para integrarmos essa equipe, Joanna, de forma sutil, nos dá o roteiro através dos títulos dos seus livros da série *Momentos:*

Inicialmente, precisamos praticar a *meditação*, que nos dará *esperança, coragem e alegria*. Com essas virtudes, despertaremos a *consciência* e teremos mais *harmonia*, o que nos proporcionará *felicidade*, levando-nos ao estado de *iluminação*. Esclarecidos, estaremos equilibrados e conquistaremos um estado perene de *saúde* que nos trará *momentos enriquecedores*, beneficiando a todos que estiverem em nossa companhia, sendo atraídos também para a autolibertação.

E assim, seguindo as pegadas desses mensageiros de Deus, seremos também os semeadores da Nova Era.

13
LIÇÕES DE JOANNA DE ÂNGELIS

De acordo com a definição de Allan Kardec, Espíritos superiores são aqueles que "em si reúnem a ciência, a sabedoria e a bondade. Da linguagem que empregam se exala sempre a benevolência; é uma linguagem invariavelmente digna, elevada e, muitas vezes, sublime. Sua superioridade os torna mais aptos do que os outros a nos darem noções exatas sobre as coisas do mundo incorpóreo, dentro dos limites do que é permitido ao homem saber. Comunicam-se complacentemente com os que procuram de boa-fé a verdade e cuja alma já está bastante desprendida das ligações terrenas para compreendê-la. Afastam-se, porém, daqueles a quem só a curiosidade impele, ou que, por influência da matéria, fogem à prática do bem.

Quando, por exceção, encarnam na Terra, é para cumprir missão de progresso e então nos oferecem o tipo de perfeição a que a Humanidade pode aspirar neste mundo."

Acreditamos que Joanna de Ângelis se enquadre nesta classificação.

Conviveu, quando em sua jornada terrena, com o Espírito mais perfeito que serve de guia e modelo para todos nós – Jesus, e, em outra oportunidade, acompanhou de perto aquele que é a mais perfeita imitação do Mestre Jesus – Francisco de Assis. Assimilou bem os ensinamentos de ambos e tem buscado imitá-los em todas as ocasiões.

É esse Espírito superior que tem convivido conosco, dando-nos orientações, ora de forma particular, através do receituário ou de recados que o médium nos transmite por diversos meios, ora coletivamente, por intermédio das mensagens escritas divulgadas pelos livros ou avulsamente. Poderemos também sentir sua presença amorosa e sábia quando nas reuniões com Divaldo, nas atividades da Mansão do Caminho, ou quando sintonizamos com ela, onde quer que estejamos, vibrando pelo trabalho do bem.

Primeira lição

Uma das suas primeiras lições de vida, especialmente para os aprendizes da Espiritualidade, foi a revelação (ou não revelação) do guia espiritual do médium Divaldo Franco que lhe competia orientar de mais perto durante esta existência.

Coloca Jesus como o guia fixo de todos nós. Nossos amigos espirituais que se comprometem a nos guiar na experiência terrena, também precisarão avançar, experimentando novas oportunidades em planos mais elevados. Durante uma reencarnação, ou até várias, eles nos guiarão, mas chegará um dia em que serão substituídos por outros, de sorte que, só Jesus, realmente, fica conosco permanentemente.

E Joanna fala sempre em termos de eternidade.

Segunda lição

Após psicografar uma quantidade enorme de mensagens, manda que sejam queimadas, pois não passaram de simples exercícios.

Vemos tantos médiuns ansiosos por publicar seus escritos mediúnicos tão logo sejam recebidos! Pensam que por serem mediúnicos não precisam de revisão, nem de contestação.

Divaldo escreve e enche um baú de mensagens psicografadas por Joanna. Devia ter coisas lindas e profundas. Certamente a forma, devido à inexperiência do médium, continha algumas imperfeições. E Joanna sabia que poderia escrever de novo, com perfeição. Pede, então, que sejam queimadas, para que o médium, ou alguém, não caísse na tentação de publicar o que estava escrito de forma incorreta, ou passando uma ideia dúbia ou confusa, comprometendo a imagem da mediunidade ou da Doutrina Espírita.

Leva ao médium a lição do desapego, da confiança, da obediência aos desígnios superiores.

Terceira lição

Joanna seleciona algumas mensagens e pede que sejam enviadas para a revista *Reformador*, órgão de divulgação do Espiritismo publicado pela Federação Espírita Brasileira (FEB). Suas publicações têm repercussão nacional e internacional.

Compreendendo bem a lição do Evangelho de que "ninguém acende uma candeia para pô-la debaixo do alqueire", ela busca o melhor, de maior repercussão, sem falsa humildade, para expandir sua mensagem renovadora.

Poderia o médium receber as mensagens e se contentar em lê-las para o grupo que o acompanhava. Ela poderia deixá-lo à vontade para fazer o que quisesse com as lições preciosas que lhe oferecia. Mas não. Com o seu jeito firme e doce, ordena-lhe que as envie para a FEB, no Rio de Janeiro.

Sabia do valor de suas mensagens e da utilidade e influência que exerceriam nos corações sequiosos de espiritualidade, em todos os lugares nos quais elas haveriam de chegar.

Quantas vezes nós escondemos "a luz embaixo da cama" com receio de nos expormos às críticas, aos julgamentos, na comodidade de quem não quer se expor, tomando uma postura de humildade... E nos consideramos indignos de brilhar, esquecidos de que todo o bem vem de Deus e que o nosso dever é "fazer brilhar a nossa luz diante dos homens", a fim de que o Pai seja visível em nós.

Quarta lição

As revelações que Joanna faz de suas existências corpóreas são ricas de ensinamentos.

Primeiro ela espera passar treze anos desde quando se fez visível com a aparência de uma freira e deu-lhe um nome para ser chamada, conforme tanto queria o médium.

Treze anos é bastante tempo para um médium dar testemunho de perseverança, dedicação, aprendizado, esforço por melhorar-se.

É interessante também, para os estudiosos da simbologia dos números, ela ter escolhido justamente o número treze.

Ele representa o elo que une o mundo visível e o invisível, sendo o princípio universal da transformação que, às vezes, é interpretado como a morte. Fala da morte de si mesmo, do antigo ego e de todo o desejo carnal, visando a um renascimento espiritual. Segundo um dos estudiosos dos números, as irmãs Clarissas usam uma corda com treze nós como cinto, provavelmente buscando atender a este simbolismo.

A Veneranda Joanna de Ângelis

E não podemos desconsiderar que Joanna, quando viveu no México, era estudiosa também da ciência dos números.

Em segundo lugar, chamamos a atenção para as vidas que ela escolheu revelar.

Inicia com Sóror Juana Inés de la Cruz, a monja intelectual, como a nos incentivar para o estudo, um estudo da forma mais ampla possível, mais abrangente, como a maneira de nos libertarmos das sombras da ignorância. Em seguida, fala de Sóror Joana Angélica de Jesus, a religiosa.

Dedicando-se com todo o arroubo de sua alma ao estudo, marca época e passa à posteridade como "a personalidade do século XVII " no México, e é considerada a primeira feminista das Américas.

Como Joana Angélica, o destaque é para a religiosa, a madre que defendeu a honra das freiras do Convento da Lapa com a sua própria vida.

É como se houvesse uma necessidade de compensar a sua dedicação à vida intelectual, no México, com a total entrega aos deveres religiosos, no Brasil. Uma vida seria a complementação da outra.

Nove anos após a primeira revelação, ela fala de sua vida como Joana de Cusa, a mártir do cristianismo. E conclui suas revelações falando de Francisco de Assis, com tão profundo amor, levando-nos a crer que ela participou de forma muito especial da vida e da obra do "Pobrezinho de Assis", como a irmã Clara.

Nestas duas últimas revelações, vemos a clara preocupação de despertar o interesse para o amor incondicional, pelo acendrado amor por Jesus que devemos ter, acima de quaisquer laços afetivos a que estejamos ligados. Mesmo que para isso nos sacrifiquemos até à morte física.

Joanna de Ângelis teve muitas outras vidas, certamente algumas delas foram de muito destaque, tanto na sociedade como nos meios religiosos. Entretanto, como Espírito superior que é, destacou apenas essas, para que servissem de exemplo para nós que a amamos.

Mostrou-nos como amar e como ser sábio. E o amor e a sabedoria são as duas asas que nos alçarão ao infinito céu de Deus.

Quinta lição

Havendo criado a Mansão do Caminho, inicialmente para abrigar órfãos e servir de experiência educativa nos moldes cristãos, renova e modifica as atividades, após trinta e cinco anos de trabalhos voltados basicamente para a orfandade, ampliando o campo de ação, modernizando e se estendendo para beneficiar cada vez mais longe e a um maior número de pessoas.

As diretrizes continuam as mesmas: reformar o homem e enchê-lo de entusiasmo e esperança. A metodologia de como consegui-lo é que acompanha as bênçãos do progresso, tornando a qualidade do serviço cada vez melhor.

E Joanna não se poupa para atingir os seus objetivos. Aprofunda estudos da alma humana, convida especialistas dos dois planos da vida para colaborarem na sua Obra, impulsiona Divaldo e quantos mais queiram para ser vanguardeiros da era do Espírito imortal, criando, por onde passa, um clima de euforia espiritual que conduz à apoteose do Amor Universal.

Sexta lição

Esta é a lição de tudo aquilo que Joanna deixou de dizer ou fazer. Há hora para falar e há hora para calar, como diz o Eclesiastes.

Se refletirmos bem sobre tudo aquilo que vivenciamos ao lado ou sob a assistência dessa mentora, iremos perceber os momentos em que ela silenciou, as atitudes que ela não tomou e aprenderemos com ela a hora certa para agir e o momento de não falar, assim como sobre o que falar. Teremos então aprendido a ser sábios.

Estas são algumas das preciosas lições da benfeitora espiritual, que conseguimos perceber. Inúmeras outras existem, necessitando de um olhar mais demorado, de uma análise mais aprofundada de tudo aquilo que ela nos traz.

Que todos nós, seus filhos e amigos, possamos aprender cada vez mais as lições do amor e do conhecimento para um dia usufruirmos de forma mais direta da convivência com esse Espírito de escol. Será uma forma de gratidão.

O MÉDIUM

Divaldo psicografando, ao lado de
Nilson de Souza Pereira

Divaldo recebe o título de *Cidadão Uberabense*, 1980.

Grupo da Prece, Uberaba, 1988.

14
MINIBIOGRAFIA

Divaldo Pereira Franco nasceu em 5 de maio de 1927, em Feira de Santana, Bahia.

Filho de Francisco Pereira Franco e Ana Alves Franco, desde a infância se comunica com os Espíritos.

Cursou a Escola Normal Rural de Feira de Santana, onde recebeu o diploma de Professor Primário, em 1943.

Quando jovem, foi abalado pela morte de seus dois irmãos mais velhos, o que o deixou traumatizado e enfermo, sendo conduzido a diversos especialistas, na área da Medicina, contudo, sem lograr qualquer resultado satisfatório.

Apareceu, então, em sua vida, D. Ana Ribeiro Borges, que o conduziu à Doutrina Espírita, libertando-o do trauma e trazendo consolações, tanto para ele como para toda a família. Dedicou-se, então, ao estudo do Espiritismo, ao mesmo tempo que foi aprimorando suas faculdades mediúnicas, pelo correto exercício e continuado estudo da Doutrina.

Transferiu residência para Salvador no ano de 1945, tendo feito concurso para o IPASE (Instituto de Previdência e Assistência dos Servidores do Estado), no qual ingressou em 5 de dezembro do mesmo ano.

Espírita convicto, fundou o Centro Espírita Caminho da Redenção, juntamente com um grupo de amigos, em 7 de setembro de 1947, o qual mantém a Obra Social denominada Mansão do Caminho, fundada em 15 de agosto de 1952.

Sempre se atualizando, a Mansão do Caminho no ano de 2011 abrange o conjunto das seguintes atividades sociais desenvolvidas pelo Centro Espírita Caminho da Redenção, a saber:

Casa do Parto Normal Marieta de Souza Pereira, a mais nova obra da Mansão do Caminho, onde se procura dar atendimento de primeira qualidade, dentro das mais modernas concepções do cuidado durante a gestação – realizando o pré-natal, atendendo ao Espírito imortal desde antes do nascimento, orientando e cuidando das gestantes carentes até o momento do parto, dando ênfase, dentro do possível, ao parto natural.

Enxovais Meimei, que faz atendimento a gestantes pobres, desde 1950, com assistência médica e o que for necessário para o seu bem-estar, além da distribuição de enxovais, confeccionados por voluntárias, numa média de 500 por ano, ofertas especiais no Dia das Mães e festas de confraternização em cada distribuição mensal.

Educação Infantil, englobando a Creche, Jardim Esperança, a Escola Alvorada Nova e a Escola Allan Kardec.

A Creche A Manjedoura, inaugurada em agosto de 1983, possui dois pavimentos, com berçários, cozinha, lavatório, refeitório, banheiros, lavanderias, sala de recreação, enfermarias, solário (local onde as crianças brincam protegidas para receber a luz do Sol), sala de reunião para os pais, farmácia, sala de costura e toda uma estrutura de apoio, sendo considerada, por quem a conhece e por técnicos que a visitaram, Creche-modelo pela excelência de suas instalações e pelo alto padrão de serviços que oferece. No pavimento térreo, encontra-se o apoio necessário para as crianças e no pavimento superior, a parte administrativa e os serviços de apoio técnico.

A Creche dá assistência a 150 crianças de dois meses a três anos de idade, das 7 às 17h, dando em torno de 600 banhos diariamente, além das 150 mamadeiras, sucos, leite achocolatado, papinhas, almoço e jantar, num total de 750 refeições ao dia. Tudo isso sob a orientação de nutricionista, sendo também acompanhadas por médicos, pedagoga, auxiliares de enfermagem, educadores e assistentes sociais, além de voluntários. As crianças passam o dia em atividades recreativas e pedagógicas, desenvolvendo hábitos saudáveis, intercalando as atividades com o repouso tranquilo. Periodicamente os pais são orientados a fim de que a boa semente cresça e frutifique. Diariamente, ao retornarem para suas casas, levam pães e para o final de semana, café, açúcar e leite.

Escola Alvorada Nova, fundada em março de 1957 e reestruturada em novembro de 1989. À época, era conveniada com a Secretaria da Educação do Estado da Bahia e recebeu também apoio do Projeto Cidade Mãe, da Prefeitura da cidade do Salvador, para a implantação de alguns cursos profissionalizantes e educação de adolescentes que tinham dificuldades de socialização e adaptação ao contexto escolar. Hoje, a Alvorada Nova é inteiramente mantida pela instituição e, após passar por uma reformulação pedagógica total, atende à Educação Infantil. Nela estudam, em tempo integral, 150 crianças de quatro a seis anos, tendo preferência as oriundas da Creche A Manjedoura. Graças ao convênio estabelecido com a *Lateinamerika Zentrum*, da cidade de Bonn, Alemanha, suas instalações foram ampliadas de forma considerável. Todas as crianças têm acompanhamento médico e odontológico, recebem medicamentos; são oferecidas 600 refeições por dia e, semelhante ao sistema da Creche, são entregues ao final do dia aos seus familiares, pães, e, no final de semana, café, açúcar e leite em pó.

Escola Allan Kardec, fundada em setembro de 1964, em convênio com a Prefeitura da cidade do Salvador, nela estudam cerca de 380 alunos, nas primeiras séries do Ensino Fundamental.

Escola de Ensino Fundamental Jesus Cristo, fundada em fevereiro de 1951 (1ª à 4ª série) em parceria com a Secretaria da Educação do Estado da Bahia. Foi reformulada em fevereiro de 1979, incluindo do 5º ao 9º ano atuais. Nela estudam cerca de 1.017 alunos, sendo que 550 frequentam a escola em período integral, participando das oficinas de reforço de Português e Matemática, Inclusão Digital, Futsal, História em Quadrinhos, Teatro e Coral, com verba do Ministério da Educação e Cultura. Possui uma biblioteca com mais de 10.000 volumes que atende não só aos alunos da Mansão do Caminho, como também das escolas do bairro e da periferia. A escola foi ampliada, não só para dar melhores condições de espaço, como também para permitir a implantação de cursos outros e oferecer maior área para recreação dos alunos. São 18 salas, um refeitório, sala de leituras, dois laboratórios de informática, ginásio de esportes, um auditório e demais dependências.

Durante muitos anos funcionou na Mansão do Caminho a Escola de Datilografia Joanna de Ângelis, com frequência anual de 160 alunos nos dois turnos e a Escola Supletiva de Enfermagem Irmã Scheilla, diplomando mais de uma centena de auxiliares de enfermagem.

Cursos profissionalizantes de tapeçaria e informática. *A Escola de Informática* conta com cerca de 600 alunos, realizando o curso básico e de manutenção de computadores.

Lar Fabiano de Cristo – Casa da Cordialidade mantida até o ano de 2010 pela Capemi, fundada em março de 1971, dava assistência a 200 famílias socialmente recuperáveis, desde as crianças até os adultos, num total de 800 pessoas. Em suas atividades incluíam-se Oficinas de Geração e de Ocupação e Renda, com 65 famílias, Orientação e Apoio Sociofamiliar, Grupo de Convivência-Adaptação, Grupo de Convivência-Carinho, Oficina de Teatro, Grupo de Convivência-Construir.

O objetivo, conforme divulgação do setor, era "promover a integração na própria família e na sociedade, visando ao bem comum sem distinção, preconceito e exclusão social. A metodologia assistencial é voltada à promoção familiar e à proteção da infância em situação de risco,o que implica dar o acompanhamento familiar e apoio às suas necessidades básicas, alimentação, ensino profissionalizante e inserção no mercado de trabalho. O amparo compreende um conjunto de ações que atuam nas causas geradoras da miséria, permitindo o desenvolvimento da família como um todo, nos aspectos social, material, ambiental, moral, espiritual e de saúde.

A filosofia da Casa da Cordialidade é ajudar famílias carentes durante cinco anos, tempo necessário para que se recuperem social e economicamente das dificuldades pelas quais atravessam. Depois desse período, com o objetivo atingido, a ajuda é transferida para outra família e assim sucessivamente.

Diagnosticada a situação de cada família inscrita, elabora-se um plano de Qualidade de Vida. É feito um estudo de cada família, são traçadas metas a curto, médio e longo prazo, com intervenções visando a minimizar as misérias material, social, ética, moral e espiritual. Desta forma, são estruturadas atividades para os membros das famílias atendidas, tais como Grupos Sociais para adultos, jovens, crianças e idosos, Oficinas Criativas, como auxílio das dificuldades de aprendizado das crianças em idade escolar, Oficinas Profissionalizantes, Cooperativismo.

As atividades do Lar Fabiano de Cristo – Casa da Cordialidade prosseguem com os recursos provindos de outros meios.

Policlínica Dr. José Carneiro de Campos, com assistência médica, odontológica, psicológica, terapêutica, arteterapêutica e laboratório de análises clínicas, atendendo a mais de 21.000 pessoas por ano, dentro da visão da Medicina Integrativa. Atende a todos que estão vinculados à instituição, assim como aos que residem nos bairros próximos. Além desses atendimentos, faz curativos, afere pressão arterial, aplica injeções, faz eletrocardiogramas, coleta material para exames externos e oferece diversos cursos de esclarecimento à população sobre reprodução humana, alimentação para gestantes, assistência ao parto e ao pós-parto, aleitamento materno, métodos anticoncepcionais, prevenção do câncer da mulher, aborto e temas de interesse geral ligados à saúde, envolvendo em torno de 600 pessoas que incluem recém-nascidos, crianças, adolescentes, idosos e gestantes neste Projeto Saúde Integral.

Caravana Auta de Souza, que ampara 300 famílias carentes, abrangendo idosos e pessoas inválidas com doenças degenerativas e consideradas irreversíveis. Fundada em setembro de 1947, distribui mais de 6.000 cestas básicas por ano, doa roupas e sapatos seminovos, cobertores, agasalhos, lençóis e colchões, bolsas e brinquedos para os netos dos albergados. Quando necessário, é oferecido auxílio para pagamento do aluguel de onde moram, conta de luz e de água atrasadas. Vinculado à Caravana, existe o setor de costura Otília Gonçalves, que produz peças artesanais ornamentadas com pinturas e pontos em cruz, sendo comercializadas na Loja Esperança.

Biblioteca Joanna de Ângelis, com catalogação e indexação das obras, realizadas por uma competente bibliotecária voluntária, possui em torno de 6.000 títulos, com mais de 100 livros raros, alguns em Braille, para servir aos alunos, funcionários, colaboradores e público em geral.

Parque Gráfico Editorial, composto pela Gráfica Alvorada, Editora (Livraria Espírita Alvorada Editora – LEAL), Estúdio de Gravações (Estúdio Alvorada), e a Livraria, que distribui e vende toda a produção, chegando a mais de 350 mil produtos anuais. Só no ano de 2010, foram 72.319 livros. Todos os livros psicografados por Divaldo, ou a ele relacionados, assim como a gravação das palestras, dos seminários e entrevistas, *workshops* de Divaldo, em CDs, DVDs; são também gravados os programas com Divaldo para a TVCEI, os encontros *Você e a Paz,* e outros de interesse; as capas desses materiais, cartazes, cartões, agendas, fotos diversas, folhetos, mensagens – centenas de títulos anuais, milhares de impressos, formulários e material de divulgação de uso da Mansão do Caminho, são todos aí produzidos. Destacamos a *Revista Presença Espírita,* com mais de 24.000 exemplares impressos anualmente, sendo considerada uma das mais bem impressas do país, com distribuição para todos os países por onde Divaldo passa.

Círculo de Leitura Espírita, em que os associados recebem bimestralmente um livro e uma revista Presença Espírita, geralmente os lançamentos e as promoções da LEAL. São distribuídos em torno de 6.000 livros por ano para o Brasil e o exterior.

Clubes do CD e do DVD, também distribui aos sócios, por bimestre, as gravações dos eventos e mensagens produzidas por Divaldo. Em 2010, foram 2.800 Cds, 5.700 Dvds e a cada bimestre 200 pacotes de mensagens.

O Centro Espírita Caminho da Redenção foi fundado em 7 de setembro de 1947, no bairro da Calçada, em Salvador. No ano de 1956, os 58 órfãos que eram mantidos nesse antigo casarão foram transferidos para o afastado bairro do Pau da Lima. Surgiu então a Mansão do Caminho, onde passaram a residir Divaldo, Nilson e Ivone, a primeira "tia" residente (desencarnada em 2010), dando início ao que se tornou hoje esse grande complexo de departamentos educacionais, assistenciais e doutrinários, tendo como origem e representação jurídica o Centro Espírita Caminho da Redenção.

Muito bem instalado em sua ampla e confortável sede, está sempre com seus salões repletos de pessoas interessadas no crescimento espiritual, buscando esclarecimentos através das mais diversas atividades doutrinárias e reuniões mediúnicas privadas, procurando colocar esses ensinamentos em prática com as atividades de assistência social, atendendo desde a infância até os mais velhos.

Para as crianças, a *Escola de Evangelização Nise Moacyr,* com mais de 115 inscritas, seguindo os critérios da

FEB – Federação Espírita Brasileira. Disponível para elas encontra-se a Biblioteca infantojuvenil Amélia Rodrigues, com 4.572 obras abordando elevadas questões do Espírito e outros temas do imaginário infantil.

Para os jovens, a Juventude Espírita Nina Arueira – JENA, fundada em 28 de janeiro de 1951, atualmente com cerca de 120 participantes, oferece, entre outras oportunidades de crescimento moral e espiritual, a reunião mediúnica, na qual o jovem é admitido mediante consulta espiritual e após estudo da mediunidade em oficina apropriada; atividades em sala por faixa etária, saraus de leitura, realização de palestras no Centro Espírita Caminho da Redenção e em outros centros; feiras de livros espíritas em prol da Mansão do Caminho, estudo doutrinário para evangelizadores e coevangelizadores; Biblioteca Manoel da Silva, com 1.200 livros no seu acervo.

As atividades são realizadas através de métodos lúdico-pedagógicos, nos quais os ensinamentos espíritas são passados com criatividade por meio de dinâmicas, atividades artísticas e reflexivas, debates e vivência dos ensinamentos de Jesus, mediante a prática da caridade. A grande tônica da JENA é formar continuadores conscientes e comprometidos não só com a Casa (CECR), mas especialmente com a *causa espírita* nos rumos da transformação da Humanidade

A JENA realiza a cada dois anos, no período do carnaval, o encontro fraternal denominado *Encontro com Jesus*, tomando como base a vida de uma personalidade de suma importância para a vivência cristã e espírita. O primeiro foi o Encontro com Jesus, vivendo Francisco de Assis, o patrono da nossa Casa, em 2005; em 2007, foi homenageado Allan Kardec, em função do sesquicentenário de *O Livro dos Espíritos;* 2009, Bezerra de Menezes e 2011, a mentora espiritual da Casa, Joanna de Ângelis. Anualmente é realizado o Encontro de Reflexões Espíritas, também durante o carnaval, desde 2007, com atividades para crianças, jovens e adultos de todas as idades.

Dessa forma, os jovens vão levando a outras pessoas a alegria, o entusiasmo e, sobretudo, a mensagem do Evangelho de forma atual e dinâmica.

Para os adultos, o Grupo de Pais, com aproximadamente 80 inscritos, estudando a Doutrina, através das obras básicas e das psicografadas com temas atuais.

Além dessas atividades, são oferecidos à população diversos recursos para o aprimoramento moral e reequilíbrio físico-emocional, como:

Grupo de Estudos Espíritas Vianna de Carvalho, com frequência média de 200 alunos nos seus diferentes módulos de estudo, com aulas de Doutrina Espírita.

Reuniões doutrinárias, que ocorrem três vezes por semana, com uma excelente equipe de palestrantes, além do próprio Divaldo, quando está em Salvador.

Grupo de Estudos sobre a Série Psicológica Joanna de Ângelis, iniciado em 2007, aprofunda estudos na área psicológica da obra da nossa mentora, sob a coordenação de competentes terapeutas vinculados à Mansão do Caminho.

Grupo de Estudos Amélia Rodrigues, dedicado ao estudo de *O Evangelho segundo o Espiritismo,* tendo como suporte as obras do Espírito Amélia Rodrigues.

Atividades mediúnicas em reuniões privativas.

Palestras sobre Religião, com enfoque na Moral Cristã, direcionadas para os alunos das nossas escolas do ensino fundamental (do 1º ao 9º ano), abordando temas sobre as Leis Morais, visam a sensibilizá-los para o interesse pelos valores espirituais inerentes à criatura humana, tendo a frequência de mais de 1.300 alunos.

Atendimento Fraterno, composto por uma equipe treinada para esse fim, atendendo a quase 1.300 pessoas por ano que buscam orientação e conforto, sendo encaminhadas a Divaldo em torno de 100, entre os casos mais graves, que ele orienta após as reuniões, sempre com o mesmo carinho e atenção. São aplicados cerca de 11.000 passes durante o atendimento fraterno.

Em 2010, Divaldo deu 269 orientações espirituais por correspondência, 148 após as reuniões doutrinárias, somando-se a mais de 400 aconselhamentos espirituais por ano.

Reunião semanal, intitulada *Conversando sobre Espiritismo*, na qual é escolhido um tema e os participantes fazem perguntas que os coordenadores vão respondendo, baseados nos conceitos espíritas.

Até dezembro de 1999 funcionou o *Instituto de Pesquisas Psíquicas,* com experimentações dos efeitos dos passes fluídicos em vegetais, pesquisas sobre transcomunicações, estudos de temas mais profundos do conhecimento humano, visando à compreensão da alma imortal.

Projeto Manoel Philomeno de Miranda, criado no mês de maio de 1990, em que os seus integrantes ministram cursos, seminários e palestras sobre temas básicos da Doutrina Espírita, relacionados à área mediúnica, nos Centros Espíritas de Salvador, nas cidades do interior da Bahia e em outros estados. Foram escritos nove livros publicados pela Livraria Espírita Alvorada Editora sobre os temas abordados nesse trabalho e atendidas mais de 40 cidades, onde foram realizados cursos e seminários em mais de 100 instituições espíritas.

Grupo de Ação Comunitária Lygia Banhos, criado em 1971, formado por cerca de 60 colaboradores, dentre eles muitos jovens da JENA – Juventude Espírita Nina Arueira, que se reúnem aos sábados, no Centro Espírita Caminho da Redenção, para colocar em prática os ensinamentos adquiridos nas aulas de evangelização, fazendo visitas às comunidades carentes dos bairros de Pau da Lima, Jardim Cajazeiras e São Marcos, distribuindo cestas básicas, desenvolvendo atividades pedagógicas, recreativas e evangelização. Realizou, em 2010, evangelização para 350 crianças e visitas a mais de 500 idosos carentes e enfermos. São comemoradas as datas festivas, realizados bazares beneficentes, festivais diversos e o grupo mantém uma farmácia comunitária para distribuição gratuita de medicamentos, assim como uma biblioteca. Assim é distribuído conforto, e os jovens da JENA aprendem as lições que a vida oferece.

Acervo Técnico, localizado num prédio em condições climáticas favoráveis para conservar o imenso acervo que inclui diplomas, certificados, homenagens, filmes, quadros, placas, objetos variados que são oferecidos a Divaldo, Nilson e à Mansão do Caminho, por pessoas e instituições de vários países. Está constantemente aumentando o seu volume, que é cuidadosamente organizado a fim de que as futuras gerações tomem conhecimento do que foi feito pela divulgação da Doutrina Espírita e, sobretudo do Evangelho do Senhor, num testemunho de que o bem está presente entre nós, sempre.

A Mansão do Caminho, sob a amorosa e firme direção de Divaldo Franco, já educou em seus diversos cursos mais de

35 mil crianças e jovens, que se encontram espalhados pelo mundo levando a semente de renovação do planeta Terra!...

Quando Divaldo começou a psicografar, e mensagens diversas foram escritas por seu intermédio, sob orientação dos benfeitores espirituais, certo dia, como já dissemos, recebeu a recomendação para que tudo fosse queimado por constituir simples exercícios.

Quem o visse psicografando no início não diria que ele teria um importante papel também nessa área, uma vez que a oratória se destacava no seu trabalho de mensageiro do Bem. Se houvesse desistido por dar atenção aos comentários dos que ignoravam a sua tarefa no campo da psicografia, não teríamos hoje tantos livros ricos de ensinamentos e consolações.

Com a continuação, vieram novas mensagens assinadas por diversos Espíritos, entre eles, Joanna de Ângelis, que durante muito tempo apresentava-se como *Um Espírito Amigo,* ocultando-se no anonimato, à espera do instante oportuno para se fazer conhecida.

Joanna revelou-se como sua orientadora espiritual, escrevendo inúmeras mensagens, num estilo agradável, repassado de profunda sabedoria e infinito amor, que confortam aos mais diversos leitores e necessitados de diretriz espiritual.

Em 1964, Joanna de Ângelis selecionou várias mensagens de sua autoria e enfeixou-as num livro, que recebeu o sugestivo título de *Messe de amor.*

Foi o primeiro livro que o médium publicou.

Logo em seguida, Rabindranath Tagore ditou *Filigranas de Luz*.

(...) E mais outros foram vindo a lume, dos mais diversos estilos literários, contribuição de elevados amigos da Espiritualidade, interessados em divulgar as mensagens consoladoras da esperança e do esclarecimento, inseridas na Boa-nova que o Mestre nos trouxe.

Sempre sob a orientação de Joanna de Ângelis, os livros continuam a jorrar pelas mãos perseverantes do médium, qual cornucópia de luz a iluminar mentes e corações sequiosos de paz.

Até agora, são mais de 200 obras psicografadas por Divaldo, já publicadas e divulgadas pelo mundo inteiro com mais de oito milhões e meio de exemplares vendidos, sendo que 151 delas foram traduzidas para 13 idiomas (dentre eles o espanhol, catalão, francês, inglês, alemão, sueco, albanês, holandês, húngaro, italiano, theco, esperanto e norueguês) e 8 Cds para o alemão, espanhol e inglês.

A seu respeito, foram escritos os seguintes livros:

- *Divaldo, Médium ou Gênio?* pelo jornalista Fernando Pinto, em 1976;
- *Moldando o Terceiro Milênio – Vida e Obra de Divaldo Pereira Franco*, pelo jornalista Fernando Worm, em 1976;
- *Mansion of Love – The Divaldo Pereira Franco Story*, por Maria Isabel Carril Rainwater, em 1981;
- *Nas Pegadas do Nazareno*, por Miguel de Jesus Sardano, em 1987;
- *O Peregrino do Senhor*, por Altiva Glória F. Noronha, em 1987;

- *O Semeador de Estrelas*, por Suely Caldas Schubert, em 1989;
- *DIVALDO FRANCO, o baiano que virou cidadão do mundo* (Literatura de Cordel), por José Olívio, em 1993;
- *Mansão do Caminho – 40 ANOS, uma história de amor na Educação*, por Washington Luiz Nogueira Fernandes, em 1992;
- *O Jovem que escolheu o amor*, por Maria Anita Rosas Batista, em 1997.
- *Para sempre em nossos corações*, por Maria Anita Rosas Batista.
- *Uma história de amor*, por Julieta Marques.
- *O Paulo de Tarso dos nossos dias*, por Ana Maria Luiz Spränger.
- *Divaldo, mais que uma história de amor*, por Miguel Sardano.
- *Atos dos apóstolos espíritas*, por Washington Luiz.
- *Ante os tempos novos*, por Suely Caldas Shubert e Divaldo Franco.
- *A jornada numinosa de Divaldo Franco*, por Sérgio Sinotti.

Foram publicados cinco livros contendo entrevistas suas a diversas pessoas e organizações, e quatorze escritos por diversos autores com a sua colaboração direta.

Das mensagens recebidas dos Espíritos, foram gravados 70 Cds, e de suas conferências, palestras e seminários, 173 Dvds.

Algumas peças de teatro têm sido baseadas em obras recebidas pela sua psicografia.

Sem contar as dezenas de traduções especificadas no capítulo *A Obra de Joanna*.

Divulgando a Doutrina Espírita, já visitou 70 países dos cinco continentes, falou em mais de 2,5 mil cidades, mais de duas centenas de emissoras de televisão, e em mais de 700 emissoras de rádio. Divulgou a Doutrina em Câmaras Municipais, Assembleias Legislativas, numa CPI do Congresso Nacional, Organizações Maçônicas, Lyons, Rotary Clubes, Universidades (no Brasil e no exterior), teatros, cinemas, praças de esportes. Já falou 3 vezes na *A Voz da América,* em Washington, que é a maior cadeia de rádio do continente; em cinco ocasiões na ONU, no seu Clube Esotérico em Nova Iorque, assim como em três oportunidades na sua sede em Viena (Áustria). Concedeu cerca de 1.500 entrevistas a mais de 430 emissoras de Rádio e TV, no Brasil e no exterior.

Tem realizado mais de 12 mil palestras, incluindo inúmeros seminários, *workshops,* cursos, sempre superlotados por pessoas ávidas para assimilar seus ensinamentos.

Vem sendo homenageado por onde anda com um número cada vez maior de medalhas, troféus e placas, além de moções de congratulações, pergaminhos, títulos e diplomas valiosos de diversos lugares, entre eles o de Doutor *Honoris Causa* em Humanidade, pelo Colégio Internacional de Ciências Psíquicas e Espirituais do Canadá, o título de reconhecimento por ser o 205º Embaixador da Paz, outorgado pela Amabassade Universelle pour la Paix, em Genebra, na Suíça (2005), sendo mais de 70 cidades a lhe prestarem essas homenagens, no Brasil e no exterior, inclusive inaugurando ruas e praças com o seu nome. Em 2010, foram 21 homenagens e 21 placas a ele oferecidas.

Nos Estados Unidos, teve oportunidade de proferir seminários organizados pela Dra. Vanessa Anseloni, residente em Baltimore, Maryland, com a participação de eminentes cientistas como Raymond Moody Jr., Prof. Dr. Gary Schwartz e num evento com quase mil pessoas (sendo 90% de americanos) em Norwalk, CT, sob a coordenação dos médicos Dr. Claudio Petrillo e Dra. Silvia Knoploch, em que Dr. Bernie Siegel, famoso pelo seu trabalho na área da Oncologia e pelos seus livros, fez também conferência ao lado de Divaldo Franco.

Divaldo Franco no 1º Movimento
Você e a Paz, 2010, em Balneário Camboriu-SC.

16º Movimento você e a paz, 2013
no Campo Grande – Salvador-BA.

(Fotos por Jorge Moehlecke)

15
O Movimento Você e a Paz

Em 1998, sob a inspiração de Joanna de Ângelis, Divaldo começou o *Movimento Você e a Paz*, levando a palavra pacífica às praças da cidade do Salvador a fim de que todas as pessoas tivessem a oportunidade de escutar a mensagem de Jesus.

Havia dez anos desde que a mentora anunciara as mudanças que iriam ser implantadas nas atividades da Mansão do Caminho...

(...) E a paz da Mansão do Caminho se estendeu para o mundo!...

Foi fixado o dia 19 de dezembro, na Praça do Campo Grande (Praça Dois de Julho), no centro de Salvador, para ser o ápice desse movimento que aos poucos foi se estendendo para os bairros da periferia nos dias que o antecedem, depois chegou aos bairros mais centrais e aos mais nobres, agora em outros meses do ano, ao tempo em que outras cidades também desejaram ter esse dia com Divaldo falando sobre a paz em praças públicas.

Agora, o Movimento Você e a Paz já se estende por diversos países, mobilizando corações sensíveis ao chamado do Rabi da Galileia que ainda hoje orienta para lançar as redes para a direita a fim de que tenhamos alimento em abundância... o alimento da paz no coração.

Segundo Divaldo, "a proposta do Movimento Você e a Paz é que partamos para a ação por intermédio da não violência – a maior arma contra a violência, em nome da caridade, do perdão, do amor ensinado por Jesus." Foi criado para "conclamar as pessoas a reflexionarem sobre a paz pessoal, a paz no lar, no trabalho, no grupo social, na comunidade, sobre a paz que tomará conta da Terra".

E nos diz mais: "No 1º Movimento Você e a Paz, em 1998, cinco mil pessoas compareceram à Praça do Campo Grande. No ano seguinte, mais de dez mil pessoas compareceram; hoje, conseguimos levar algo em torno de vinte e cinco mil pessoas à mesma praça."

Acontece em 20 cidades do Brasil e em 60 países, espalhados por todos os continentes. Dentre as cidades que já incorporaram anualmente esse Movimento, temos: Balneário Camboriú – SC; Concórdia – SC; Rio de Janeiro – RJ; Juazeiro – BA; Londrina – PR; Cuiabá – MT; Barcelona – Espanha; Porto – Portugal; Coimbra – Portugal; Lagos – Portugal; Paris – França; Baltimore, Maryland, EUA.

A partir do ano 2000, ele instituiu o *Troféu Você e a Paz,* corporificando o sentimento de amor que nutre a Mansão do Caminho. Tem por objetivo "premiar pessoas físicas e jurídicas que se destacam no cenário nacional e internacional por promoverem ações em favor da não violência e do bem-estar comum à sociedade."

"Três são os segmentos que atuam em prol da Humanidade que deverão ser escolhidos: as instituições que fazem; as empresas que viabilizam através de recursos; a personalidade física que se doa".

Os agraciados recebem um diploma e o troféu criado pelo artista gráfico Marcos Alemar.

A Veneranda Joanna de Ângelis

Diante da expansão do Movimento Você e a Paz Divaldo tem esperança: "Eu creio que um dia seremos realmente pacíficos, porque, pacificadores, seremos chamados de filhos de Deus, vencendo a violência que está dentro de nós aguardando para irromper. Essa é a proposta de reflexão na semana do nascimento desse homem chamado Amor (Jesus)".

Após participar do primeiro Movimento Você e a Paz, registramos nossa impressão neste texto:

Paz na praça

Era uma praça qualquer, como qualquer praça do planeta, num final de semana.

A noite começava e os frequentadores habituais circulavam. Os mais jovens, vestidos com as roupas da sedução, buscavam envolver e ansiavam ser envolvidos por alguém; os viciados perambulavam cambaleantes e se confundiam com os desequilibrados mentais. Havia os vendedores de doces, caldo de cana e brinquedos variados. Num canto, uma barraca de jogo onde se juntavam pessoas fazendo suas apostas. Num lado central da praça, um palco, onde costumava haver apresentações artísticas durante o verão.

Aos poucos, foram chegando jovens, idosos, homens e mulheres de todas as idades e se acomodando calmamente pelos bancos próximos ao palco. Alguns subiram no monumento que fica no centro da praça, buscando uma posição privilegiada, lembrando Zaqueu, o publicano que queria ver Jesus. Em frente ao palco se aglomeravam várias pessoas que aguardavam em pé.

Jovens e senhoras distribuíam uma fitinha branca com alfinete para ser presa na roupa.

Um grupo musical começou a tocar uma música que nos reportava para um mundo de esperança e paz. Um coral se apresentou no mesmo clima e, em seguida, começaram a falar de paz.

A praça foi ficando mais silenciosa ouvindo a senhora vestida de branco que, emocionada, dizia da importância de possuir paz, e calou profundamente ao ouvir a canção pacífica de um homem incomum que falava dos pacificadores, convidando-nos a ser um deles...[*]

Enquanto esse homem cantava a canção da paz, um senhor tocado profundamente exclamava: "Mas que homem, quanta cultura!"...

A grande maioria das pessoas presentes ao evento singular, mantinha no rosto uma expressão serena de muito interesse e não desviava o olhar do orador.

O silêncio só era cortado pelo som dos dados girando no copo, na mesa de jogo na entrada da praça, onde alguns indiferentes ao que ocorria se distraíam.

Aquela praça, naquele dia, parecia com o espaço que há dentro de cada um de nós. Convivendo com os nossos vícios, nossos desejos mais primitivos, existe uma canção em surdina que aos poucos vai tomando conta de todo o nosso ser, impregnando-nos de aspirações mais santas. Quando pensamos haver conquistado a paz definitiva, ouvimos e sentimos o som grotesco de nossos impulsos mais primitivos que nos distraem, distanciando-nos da realidade espiritual, como a nos lembrar que há muito ainda por fazer

---

[*] Ruth Brasil e Divaldo Franco.

Divaldo Franco e Nilson em Constança (Alemanha)

Divaldo Franco no jardim na França

na seara da autoeducação, do autoburilamento. Percebemos a conquista dos valores pessoais e coletivos e não nos sentimos sós nessa caminhada.

De um outro plano, havia a intensa movimentação da Espiritualidade. Espíritos de alta elevação se empenhavam para magnetizar todos através daqueles que se apresentavam no palco, enquanto diversas equipes de Servidores do Bem se misturavam à multidão, desligando os fios de pensamentos angustiantes e comprometedores, aplicando energias restauradoras e infundindo em cada um sentimentos de esperança, alegria, bondade e perdão.

Os espíritos da Natureza participavam aquietados, e em todos os níveis e planos havia a colaboração para a limpeza psíquica do lugar.

Quando o acontecimento especial se findou, havia o cheiro de paz no ar. No ar da praça, na praça interior, no interior de todo o planeta, este planeta tão querido em que vivemos e queremos vê-lo impregnado de paz.

(Foto por Jorge Moehlecke)

(Foto por Celeste Carneiro)

Divaldo Pereira Franco e Nilson de Souza Pereira, fundadores da Mansão do Caminho.

16
Lições de um discípulo

No Evangelho de João (cap. 13, vers. 12 a 14), após haver lavado os pés dos discípulos, Jesus diz: *"Compreendeis o que vos fiz? Vós me chamais de Mestre e Senhor, e dizeis bem; porque eu o sou. Ora, se eu, sendo Senhor e Mestre, vos lavei os pés, também vós deveis lavar os pés uns dos outros."*

Em Lucas (cap. 18, vers. 19), Ele fala: *"Por que me chamas bom? Ninguém é bom senão um só, que é Deus."*

E Joanna de Ângelis, no livro *Convites da Vida*, no cap. 19, encerra-o com estes ensinamentos: "Outro não foi o título exigido por Jesus, senão o de Mestre, fazendo-nos discípulos permanentes ante o sublime livro da vida."

Essa introdução é para dizer da nossa tendência a distribuir títulos de Mestre e de Bom a pessoas que admiramos e amamos, sem o devido cuidado com o real significado dessas titulações e sem pensar no efeito que esses tratamentos irão causar no Espírito em evolução, sujeito ainda a quedas e desvios.

Também eu desejei dar o título de Mestre a Divaldo Franco, pelo exemplo que ele tem dado na sua trajetória evolutiva, mas, diante das lições acima, resolvi chamá-lo discípulo, um discípulo mais fiel e um servo mais prestativo, dentre os que conheço.

Essas reflexões surgiram após assistir a uma entrevista com Divaldo Franco no programa de televisão *Boa Nova na TV*, realizado no dia 18.06.2003 pelo jornalista Jether e transmitido no domingo (22.06.03) pela Embratel, quando extraímos algumas lições preciosas para utilizarmos em nosso dia a dia. Não tanto do que foi dito, mas, especialmente, pela conduta do entrevistado.

Lembramos que Divaldo estava retornando de uma viagem pela Europa, onde fez palestras e deu cursos durante mais de um mês, demonstrando, no entanto, ter sempre boa vontade para colaborar com a Boa-nova.

Considerando que essas lições poderão servir para outras pessoas, resolvemos repassá-las para os amigos:

1. *A escuta* – Divaldo escutava o entrevistador com toda atenção. Não se percebia nele a ansiedade para encontrar a melhor resposta a ser dada. Nem queria demonstrar que já havia compreendido o que ele estava querendo dizer. Colocava-se numa postura de total abertura para acolher o que vinha do outro, para captar o real sentido de suas palavras, de suas intenções, de sua necessidade. E o outro, percebia-se, sentia-se acolhido, escutado, compreendido, podendo usar todo o tempo de que necessitasse para expor suas ideias.

No seu labor diário, ouvindo centenas de pessoas, deixa-nos outra lição: guardar para si mesmo o que as pessoas angustiadas lhe confessam, seus dramas e dúvidas, seus anseios e aspirações. Na convivência com ele, durante décadas, nunca assisti a nenhum comentário sobre assuntos que alguém lhe haja contado em particular.

2. *A segurança* – As respostas fluíam com sabedoria e naturalidade, transparecendo a segurança e o conhecimento. Essa segurança é o resultado de décadas de estudo, meditação, prática, vivência com as mais diversas pessoas, nos mais variados países, com os mais intrincados problemas da alma humana, inclusive da própria alma... A segurança de quem se trabalha e não apenas trabalha, de quem ensina porque assim o faz, de quem supera as próprias dificuldades, com disciplina, confiança, determinação, pois sabe que o esforço é individual e que a assistência dos amigos espirituais nunca falha.

Essa mesma segurança pude notar num outro homem ilustre: o psiquiatra Stanislav Grof, quando fez uma palestra na Associação dos Médicos Espíritas do Estado da Bahia. Após expor o seu trabalho, respondeu a perguntas dos presentes, demonstrando estar plenamente seguro de tudo o que disse, pois sua vida tem sido dedicada ao estudo, a experiências, à divulgação de um novo paradigma, no qual o componente espiritual é uma certeza e é valorizado. As opiniões contrárias são opiniões contrárias que não modificam as suas convicções, por carecerem do respaldo da experimentação e do estudo aprofundado.

Ambos têm algo em comum, além dessa plena segurança: parecer bem mais jovem do que a idade cronológica registra. Isto nos sugere que fazer o melhor ao nosso alcance e ter paz na consciência, deixa a pessoa mais alegre e jovial, o que transparece no corpo físico, tornando-o com um aspecto sempre renovado e pacificador.

3. *A humildade* – Embora sabendo, por si mesmo, dos mais diversos assuntos, porque é inteligente, estuda, medita,

conclui, idealiza, faz prognósticos, analisa e sente, Divaldo sempre coloca nas suas respostas as opiniões dos benfeitores espirituais. E o faz com muita naturalidade, sem querer ser melhor que ninguém por ser uma "antena" sempre captando as mensagens do Mundo espiritual. Pelo contrário, está convicto de sua responsabilidade perante seus dons mediúnicos, buscando ser o mais transparente possível, a fim de que as informações não se tisnem com o personalismo nem com as sombras que porventura existam.

Falando sobre as questões mais difíceis que aturdem o homem nos dias atuais, ele coloca em primeiro lugar os ensinamentos sábios dos Espíritos superiores, as mensagens consoladoras e ricas de esperança desses guardiães da Humanidade. E tudo nos parece claro, certo, alvissareiro. Sentimos o que precisamos fazer: espiritualizar-nos enquanto espiritualizamos o mundo, seguindo de perto as pegadas de Jesus.

4. *A abertura* – Divaldo responde com tranquilidade a qualquer tipo de pergunta, demonstrando uma abertura muito grande para acolher respeitosamente todos os tipos de experiências de vida, filosofias, seitas, formas de pensar, embora não adote no seu viver essas práticas diferentes das que orientam a sua vida. Segue a orientação do apóstolo Paulo: "analisai tudo, retende o bem", e: "todas as coisas me são lícitas, mas nem tudo me convém". Diante de alguém com procedimento irregular, é tolerante com a pessoa errada, porém, combate o erro.

Divaldo segue os três conceitos: rigor, tolerância, abertura – destacados pela Carta de Locarno (Suíça), elaborada num congresso que teve como tema *Evolu-*

ção *Transdisciplinar da Universidade,* promovido pela UNESCO e pelo Centro Internacional de Pesquisas e Estudos Transdisciplinares – Ciret, em 1997.

Sempre encontra respaldo na Doutrina Espírita, porque é um estudioso assíduo de suas obras básicas e clássicas, além daquelas que a complementam. Mantém-se atualizado, fazendo pontes com o que estuda e os ensinamentos dos Espíritos.

Olhando Divaldo sob a ótica da tipologia junguiana, notamos o seu avanço na experimentação das quatro funções psíquicas:

A *escuta* está relacionada com a função psíquica da intuição. Quem tem essa função desenvolvida, se abre às percepções do inaudível, e apreende com amplitude o que o outro quer dizer, ainda que não sejam usadas as palavras e ainda que o outro não seja visível...

A *segurança* tem como associada a função psíquica da sensação. Saber viver bem aqui na Terra, dispor do que se sabe para viver melhor; ser prático e objetivo, seguro e determinado, são características próprias dessa função.

A *humildade* é uma conquista de quem já galgou os patamares da função pensamento, e descobriu que acima da nossa Ciência e comandando o nosso pensar, existe um Deus, que é maior do que todos nós e não se faz visível e nem se incomoda se não O percebemos...

A *abertura* está ligada à função psíquica do sentimento, pois só quem ama a todos é que tem a abertura para acolher os seus irmãos, de qualquer credo, raça ou cor, ideologia, nacionalidade, posição social ou espiritual.

Após perceber os seus ensinamentos expressos na sua conduta, num recanto sagrado do meu coração eu o reverenciei e beijei as suas mãos, agradecida por ser contemporânea dele e usufruir da sua companhia.

Se cada um de nós seguirmos as lições do discípulo e servidor Divaldo, certamente conviveremos melhor uns com os outros e teremos um viver muito mais saudável e duradouro!...

17
A PSICOGRAFIA DO MÉDIUM DIVALDO FRANCO

Joanna de Ângelis, orientadora do médium Divaldo Franco, sempre vigilante e austera, desde o início do desenvolvimento das suas faculdades mediúnicas, inspirou-o a manter uma conduta voltada sempre para o bem supremo – o Serviço (que é o viço do Ser), independente dos percalços da caminhada de quem tem um trabalho de grande porte a desenvolver.

Nos momentos mais difíceis, quando pensou em desistir, Joanna lhe deu a bela mensagem da parábola da fonte que se tornou rio contornando os obstáculos e seguindo confiante em direção ao Oceano de Bênçãos, que é Deus.

Sempre discreto com relação aos seus sentimentos, manteve-se firme, trabalhando e estudando incansavelmente.

Convivendo com ele durante mais de três décadas (iniciando em 1977), sendo que durante dez anos morei na Mansão do Caminho e nos primeiros nove meses residi na sua casa, foram crescendo em mim a admiração e o respeito que sinto por esse grande trabalhador da Seara do Mestre Jesus.

Acompanhei o seu crescimento espiritual, o seu esforço contínuo para ser fiel à Doutrina Espírita e a Jesus, mantendo a vigilância constante para não se deixar envolver pelas sombras do Mundo espiritual, nem dos companheiros do Movimento Espírita, assim como as suas próprias *som-*

bras, humano que ainda é, distante da angelitude, como também ainda nos encontramos.

Jamais considerou os Espíritos como pertencentes a ele. Quando tinha notícias de que Joanna estava psicografando ou incorporando em outros médiuns, ele falava alegremente: Para você ver que os Espíritos não são propriedade de ninguém!

Certa vez psicografei uma mensagem que identifiquei como de Joanna de Ângelis. Como leio muito seus livros, escrevo suas biografias, tenho facilidade para escrever, imaginei que talvez fosse um plágio das mensagens recebidas por Divaldo, ou um animismo... Mostrei a mensagem a Divaldo e perguntei o que achava. Ele me respondeu: E por que não, minha filha, Joanna não escreveria por seu intermédio?

Isso me aquietou e me deixou mais confiante, sem contudo deixar de ser vigilante com o intercâmbio mediúnico.

Todos os médiuns quando iniciam têm essas mesmas dúvidas e, caso reencarnem com a tarefa em que tenham uma posição de destaque na semeadura do bem, passarão por acerbas dificuldades que os fortalecerão para se tornarem aptos a realizar o que foi programado antes de nascerem.

Pensando nessas questões, e encontrando esse brilhante estudo do pesquisador Washington L. N. Fernandes, resolvemos incluir partes desse estudo neste livro que fala de Joanna de Ângelis e seu fiel discípulo, a fim de que busquemos seguir o seu exemplo para sermos merecedores da assistência de Entidades tão elevadas quanto a veneranda Joanna... E também por considerar essa análise enriquecedora para a compreensão da tarefa mediúnica, em especial a psicografia.

Pelos frutos se conhecem as árvores - disse Jesus, e os frutos que essa dupla vem dando são muito nutritivos para a alma!

A PSICOGRAFIA DO MÉDIUM DIVALDO FRANCO

Washington L. N. Fernandes

I – SUAS POSSÍVEIS EXPLICAÇÕES

Dedicaremos alguns artigos para nos ocupar da psicografia do médium Divaldo Franco (1927 –), enfocando vários de seus aspectos e especificidades.

Considerando que Divaldo, do interior da Bahia, sem grandes recursos intelectuais, e que desde 1964, quando publicou o primeiro livro, até 2007, nestas décadas de publicações psicográficas, produziu mais de 200 obras, com mais de 8 milhões de exemplares vendidos, dos quais houve mais de 90 traduções, para 17 idiomas, e que registram referência de cerca de 260 Espíritos comunicantes.

Tal realidade faz com que ele se constitua num verdadeiro fenômeno editorial. Todos esses fatores merecem ser estudados para melhor se compreender o que ocorre neste caso. É certo que este tipo de ocorrência (a psicografia, isto é, a autoria de livros atribuída aos Espíritos) não é nenhuma novidade porque casos semelhantes há muitos anos têm ocorrido no Brasil e em todo o mundo, desde meados do século XIX.

Em primeiro lugar é pertinente conhecermos as explicações que se apresentam para esse fenômeno e fazermos uma análise de cada uma delas, para se tentar chegar a um julgamento.

Possíveis explicações para esclarecer a psicografia: o plágio, a fraude, o pasticho e o animismo

Cumpre analisar o fenômeno da psicografia em si mesmo, pois proliferam em todo o mundo textos e livros que são atribuídos aos Espíritos desde 1857. Naturalmente, diante do fenômeno psicográfico hipóteses se levantam para explicar tal fato. Desde 1948, Divaldo tem psicografado mensagens mediúnicas, de Espíritos que tiveram vivências carnais como pessoas que se tornaram mais ou menos conhecidas. A primeira coisa que deve chamar a atenção é que Divaldo não faz a mínima questão de convencer quem quer que seja da identidade do autor da mensagem, que foi o Espírito fulano de tal, e ele jamais se preocupou em querer demonstrá-lo para ninguém, pois não tem nenhum interesse em que acreditem na sua psicografia. Por que então ele faria isto? O que ele teria a ganhar? Para que simular ou imitar a redação, o estilo de um autor? O que o levaria a agir assim?

Isto é muitíssimo importante destacar porque é difícil tentar explicar algo para quem nada tem a ganhar com a situação e é totalmente desinteressado...

Vejamos as explicações que em geral são utilizadas, as mais comuns, e que tentam explicar o fenômeno da psicografia.

As quatro explicações mais frequentes para justificar este fato são: o plágio (que é a imitação implícita ou explícita de uma obra intelectual), o pasticho (que é a imitação declarada de uma obra para fundamentar os próprios escritos ou somente por uma simples brincadeira; em ambos os casos trata-se de coisas breves, frases ou mesmo curtas mensagens, mas jamais de livros inteiros); a fraude (quando o médium se utiliza de farsa ou enganação) e o animismo (quando a psicografia resultaria da atuação do inconsciente ou do subconsciente do próprio médium, ou seja, decorrente de explicações psicanalíticas; ou da telepatia (o médium captaria o inconsciente ou subconsciente de outras pessoas), da criptomnésia e da consciência subliminar.

Para defender qualquer dessas explicações não é necessário muito conhecimento literário ou psicológico e por isso em geral são as explicações mais utilizadas e muito facilmente aceitas.

Nestas hipóteses, ou o médium tiraria de sua própria mente lembranças de conhecimentos adquiridos no passado, necessitando, portanto, que ele algum dia tenha tido contato com a vida e a obra do Espírito quando este estivesse encarnado; Divaldo teria que possuir conhecimentos ou conteúdo psíquico para demonstrar as características literárias destes Espíritos.

Em outras palavras, quem rejeitar a possibilidade da psicografia (que é quando a mente dos Espíritos é que transmite aos médiuns os livros e as informações) para argumentar que todo o conteúdo da mensagem provém do médium está admitindo, no mínimo, que Divaldo é mais que extraordinário e genial, pois devemos reconhecer que não é nada fácil conseguir imitar o estilo e a linguagem de centenas de Espíritos!!!

Para afastar esta natureza de argumentos, relembremos em primeiro lugar que o médium Divaldo, do interior da Bahia, sem grandes recursos intelectuais durante um bom tempo do seu mediunato, aposentou-se como escriturário e possui há 60 anos uma agenda repleta de palestras e entrevistas, viajando mais de 220 dias por ano há várias décadas, fazendo cerca de 300 conferências anuais (incluídas as que realiza em Salvador, no Centro Espírita Caminho da Redenção, fundado por ele em 1947).

Completamente impossível e improcedente pensar que ele pudesse estudar ou pesquisar algo sobre os Espíritos que psicografa para conhecer e habilitar-se a escrever livros inteiros em diferentes estilos, características e peculiaridades literárias, de vários e diferentes autores.

As outras hipóteses levantadas são que o médium imitaria, bem ou mal, conscientemente ou não, o estilo e a forma literária do Espírito, pois Divaldo teria a capacidade de captar o psiquismo de outras pessoas (telepatia) que estivessem necessariamente presentes no momento em que ele estivesse psicografando o texto, pessoas estas que tivessem o conhecimento necessário para transmitir mentalmente a Divaldo o conteúdo do livro e as informações.

Lembremos que não basta dizer que uma pessoa que esteja presente durante uma psicografia teve contato com o Espírito missivista quando encarnado para pretender justificar e explicar a psicografia. Esta pessoa deveria sim conhecer a fundo a vida e obra do Espírito, seu estilo literário, suas características, etc.; esta pessoa teria mesmo que ser uma especialista nas obras do Espírito que estivesse ditando o texto, no momento em que Divaldo estivesse psicografando, para que o médium pudesse captar telepática e psiquicamente o pensamento, as informações, a forma literária e as peculiaridades do Espírito.

Diga-se de passagem, se isso pudesse acontecer (esta telepatia) não deixaria de ser um fato deveras extraordinário, essa transferência virtual (mental, telepática) de conhecimentos, informações, estilo, o que seria superior à mais avançada cibernética humana conhecida. Seria algo realmente maravilhoso e revolucionaria a produção editorial, pois supermultiplicaria a produção de livros. Um fato *sui generis* como esse mereceria da mesma forma muita atenção e pesquisa. A bem dizer nunca houve alguém na história humana que tivesse passado por esta situação e com tal capacidade telepática, com habilidade de escrever centenas de livros em diferentes estilos. Este tipo de explicação é tipicamente de negação, tentando buscar algo para justificar o fenômeno, mas sem nenhuma base fática.

E é isso o que não se passa de modo algum com relação à psicografia de Divaldo, com relação aos escritores conhecidos e aos Espíritos ditando mensagens para seus familiares, porque muitas vezes não há nenhuma destas pessoas (especialistas na vida e obra do Espírito) presente quando Divaldo psicografa o texto (mensagem ou livro); muitas vezes não há ninguém presente nem que tenha conhecido o Espírito missivista, muito menos que seja um especialista na obra deste

Espírito, como teremos oportunidade de demonstrar no próximo artigo.

Com relação à teoria anímica da Psicanálise, o médico e psiquiatra austríaco Sigmund Freud (1856-1939) também atribuía o fenômeno psicográfico ao próprio médium, porque Freud só teve oportunidade de conhecer médiuns não capacitados a psicografar. Infelizmente, Freud não tomou conhecimento do trabalho de médiuns sérios que podiam receber realmente mensagens dos Espíritos e que podiam compor livros; os argumentos anímicos que Freud utilizou, pretendendo atribuir sempre a psicografia ao próprio médium, revelam que ele não teve oportunidade de conhecer e estudar a psicografia.

Suas hipóteses anímicas, portanto, não podem ter aplicação.

Comentamos que Divaldo tem intenso trabalho na área social desde 1947, voltado à prática da beneficência de doentes, crianças e jovens carentes, atendendo atualmente 3.500 deles no labor diário, de modo totalmente gratuito. Além do que, repetimos, ele tem uma imensa agenda de palestras, entrevistas e homenagens que sempre tomaram integralmente seu tempo, mental e materialmente.

Fica evidenciado, pois, o absoluto desinteresse de Divaldo para querer provar que seus livros psicografados procedam dos Espíritos que os ditam e assinam, já que todos os direitos autorais de suas obras são doados integralmente, ficando totalmente descartadas essas alternativas de plágio, fraude, pasticho e animismo, pois elas não têm o mínimo enquadramento e cabimento.

Outro fator muito importante é que nos livros e mensagens que foram psicografados pelo médium Divaldo Franco existem peculiaridades e características próprias dos seres que os ditaram (que, como dissemos, veremos em futuros artigos), o que vale como mais um reforço à tese da imortalidade da alma.

I – Escrita provinda de inteligência extrafísica

A explicação que se apresenta como mais plausível para o fenômeno psicográfico é que as mensagens realmente provenham de consciências que sobreviveram à morte, ou seja, que provenham dos Espíritos, ou qualquer outro nome que se dê a eles, conforme o contexto cultural e religioso do lugar.

Interessante que esta hipótese da sobrevivência da alma, ou da personalidade após a morte, tem sido constatada por vários cientistas, psicólogos e médicos psiquiatras dos EUA e também da Europa. A esta conclusão eles chegam independentemente de discussões religiosas, ou do estudo da discussão do tema da psicografia em si mesma. Estes cientistas apenas apresentam a conclusão das pesquisas científicas que desenvolvem e realizam.

A hipótese imortalista gradativamente está sendo constatada pela Ciência, e ela pode explicar perfeitamente todos os fatos que intrigam qualquer pessoa que se ocupe deles, fatos que a Doutrina Espírita antecipou e explicou como se processam desde 1857.

No próximo artigo, traremos um impressionante acontecimento que ocorreu há alguns anos com o médium Divaldo Franco e que envolveu um reconhecido jornalista e político do Sul do País, para o qual não há nenhuma possibilidade de ser aplicada alguma das hipóteses animistas que comentamos acima para tentar explicar a psicografia.

Este jornalista político prestou um depoimento em público, perante 3.000 pessoas, depoimento este que encontra-se gravado em Dvd para quem quiser assistir.

Em futuros artigos, faremos uma rigorosa e muito interessante análise literária e estilística de alguns dos autores espirituais que ditaram livros e mensagens através do médium Divaldo, oferecendo subsídios para que cada um chegue ao seu veredicto...

A Veneranda Joanna de Ângelis

II – Testemunho do jornalista Mendes Ribeiro

O ex-deputado e jornalista Mendes Ribeiro deu impressionante testemunho da mediunidade de Divaldo Franco.

Para exemplificar o que dissemos no artigo anterior, sobre as explicações que se apresentam para justificar as mensagens e os livros atribuídos aos Espíritos e que os incrédulos recorrem a hipóteses animistas, do inconsciente, subconsciente, telepatia etc., trazemos um testemunho impressionante, envolvendo um reconhecido homem público, no qual ele próprio prestou um depoimento, publicamente, em 1991, na cidade de Farroupilha/RS. O fato está registrado em vídeo, agora em Dvd.

Estamos falando de um dos mais conceituados jornalistas do Rio Grande do Sul de todos os tempos, que foi o colunista do *Jornal Zero Hora*, o ex-deputado Dr. João Alberto Mendes Ribeiro (1929-1999). Perante um auditório lotado, num ginásio onde estavam presentes mais de 3.000 pessoas, na apresentação do orador da noite, que era o médium Divaldo Franco, o Dr. Mendes Ribeiro fez um espontâneo e incrível depoimento sobre a mediunidade de Divaldo Franco, e que precisa ser registrado nos anais da mediunidade e da psicografia. Mendes Ribeiro narrou que, quando ele esteve de passagem por Salvador (ele residia em Porto Alegre/RS), juntamente com sua esposa Marlene, em visita ao Centro Espírita Caminho da Redenção (fundado por Divaldo em 1947) e à Mansão do Caminho (obra social-educacional de Divaldo, fundada por ele em 1952), Mendes Ribeiro pediu permissão a Divaldo para conhecer e participar de uma reunião mediúnica lá praticada, na qual se faz doutrinação dos Espíritos necessitados. Acompanhou com interesse toda a reunião mediúnica (estas reuniões mediúnicas são realizadas por Divaldo duas vezes por semana, desde 1947, reuniões que ocorrem com ou sem a presença de Divaldo, já que ele tem a agenda repleta de viagens, palestras e entrevistas). Qual não foi a surpresa de Mendes Ribeiro por ter recebido uma mensagem nesta reunião mediúnica, psicografada pelo médium Divaldo, endereçada ao próprio Mendes Ribeiro!

A mensagem que lhe foi inesperadamente dirigida deixou-o atônito, porque era firmada por um Espírito que nem ele, nem sua esposa, nem Divaldo e ninguém presente nessa reunião mediúnica jamais tinha ouvido falar. Se fosse só isso já chamaria a atenção e demandaria muitas pesquisas e reflexões. Mas o curioso é que na mensagem o Espírito informou não somente o seu nome, mas também a data de seu nascimento e morte na última encarnação (ele desencarnara havia 60 anos). Além disso, informou o cemitério em que fora enterrado (em Porto Alegre/RS), o número da tumba, o número de um processo judicial relacionado à sua morte que estava em andamento havia 20 anos (possivelmente se refere ao seu inventário e seus cabíveis incidentes processuais).

Como se não bastasse tudo isso, que já é mais que extraordinário, o Espírito deu a descrição, os nomes e muitos detalhes relacionados especificamente com seus familiares!!!

Perguntamos como explicar um fato como esse. Como foi possível ao médium transmitir tantas informações, absolutamente particulares, que mesmo que estivessem presentes pessoas muito próximas da própria família do Espírito comunicante poderia lembrar de todas elas, anteriores, fazia 60 anos?

Para saber de todas as informações, e se pretendesse defender hipóteses do inconsciente, telepatia etc., precisariam estar presentes simultaneamente o advogado que cuida do processo do inventário, a viúva, os filhos, os irmãos, amigos, com avantajada memória!

Lembrando do conteúdo de nosso último artigo, abordando as justificativas animistas (inconsciente e subconsciente) que, em geral, se apresentam para tentar explicar fatos como este, neste caso é absolutamente impossível tentar recorrer a tais explicações, porque ninguém presente nessa reunião mediúnica conhecia ou sequer jamais tinha ouvido falar desta pessoa.

Vamos transcrever trechos do depoimento dado pelo próprio Mendes Ribeiro, que melhor expressam o acontecimento:

Conto-lhes, como repórter e jornalista que sou, uma experiência que tive na Mansão do Caminho. Lembro que tive a ventura de ver psicografada por Divaldo Pereira Franco uma mensagem a mim dirigida. Assinava a mensagem o Coronel Francisco Dornelles, pessoa da qual eu nunca tinha ouvido falar. Francisco Lopes de Almeida era seu nome completo, e na mensagem havia menção do número do túmulo onde estava enterrado seu corpo e o nome do cemitério, Cemitério da Santa Casa de Misericórdia, em Porto Alegre. Repórter (fiz questão de assim me apresentar hoje aqui), no dia seguinte telefonei a Porto Alegre e pedi a um colega que fosse até o cemitério indicado e verificasse se no túmulo mencionado estavam os restos mortais de quem assinava a mensagem. Recebi a resposta, que o túmulo não está no Cemitério Santa Casa e sim no Cemitério São Miguel e, antes que eu redarguisse, meu colega, Sergio Lima, nome do colega repórter, disse-me: "Mendes Ribeiro, há um detalhe, este túmulo efetivamente pertencia ao cemitério da Santa Casa, mas a Irmandade São Miguel comprou a nesga de terra na qual foi erguido o túmulo em apreço. Hoje, pertence ao Cemitério São Miguel, mas na época da morte, tal como contido na mensagem, pertencia ao cemitério da Santa Casa."

Não ficou por aí a coincidência para os descrentes. Estava descrito com minudências, quem era quem, quem eram as pessoas da família e, sobretudo, um número que era exatamente o número do processo que deveria ser consultado para pôr um fim a uma lide jurídica que se arrastava havia mais de 20 anos. É o meu testemunho, sobre a palavra e a verdade deste incansável pregador do Bem, que eu tenho a suprema honra de apresentar esta noite, como se apresentá-lo fosse preciso: Divaldo Pereira Franco.

Estamos trazendo somente um exemplo do tipo de casos em que fica impossível recorrer a hipóteses psicológicas ou psicanalíticas para explicar o ocorrido. Assim como esse caso, existem centenas de outros semelhantes, na história mediúnica e psicográfica, envolvendo o médium Divaldo Franco, como também muitos outros médiuns.

Este tipo de fato merece registro porque muito contribuiu para dar convicção espírita a este grande jornalista e também vale para qualquer um como uma comprovação da mediunidade. Da mesma forma interessou e interessa a qualquer pessoa que quer melhor compreender e estudar os fenômenos paranormais. Faz igualmente refletir sobre os laços e os nexos espirituais que existem entre os Espíritos, que muitas vezes podem escapar totalmente à compreensão terrena...

III – Lições para os médiuns e fatos inéditos

Antes de iniciarmos uma análise estilística e literária dos livros e dos autores espirituais, constantes nas obras do médium Divaldo Franco, vale a pena destacar muitas peculiaridades dessas obras, até hoje nunca ocorridas com nenhum outro médium nesses 150 anos da História do Espiritismo.

Em fins do ano de 1948, os Espíritos passaram a manifestar-se através de Divaldo, pela escrita, transmitindo várias mensagens. Muitos acharam que seria muita pretensão para ele abraçar mais uma tarefa mediúnica, ele, que já estava começando atuar como médium orador educador. Mas ele estava a serviço dos bons Espíritos e era a multiplicidade de dons e a multiplicação dos talentos, prenunciadas no Evangelho.

Divaldo procurou amigos mais experientes, entre os quais Chico Xavier (1910-2002), pedindo orientação e consultando acerca desta nova missão que se lhe apresentava, recebendo por escrito, dos Espíritos, várias instruções que o estimularam a prosseguir nesta tarefa.

A Veneranda Joanna de Ângelis

Divaldo passou então a disciplinar-se em mais este dom mediúnico, tornando-se um grande mensageiro da Imortalidade, recebendo mensagens de consolação dos Espíritos e de vários vultos do pensamento universal. Depois de alguns anos psicografando mensagens, os Espíritos orientaram Divaldo a queimar as primeiras psicografias porque eram somente exercício mediúnico e só em 1964 ele publicou o primeiro livro psicografado.

Podemos extrair cinco importantes lições para médiuns iniciantes, tomando como base o admirável exemplo de Divaldo:

1) Há muitos médiuns que, no mesmo dia, ou até no ano seguinte, após receberem uma mensagem mediúnica, ficam aflitos para publicá-la. Combatamos essa afobação infantil, talvez até por necessidade de afirmação ou por imaturidade, tendo a necessária humildade para aguardar o momento certo para fazê-lo. Divaldo esperou 15 anos para publicar seu primeiro livro psicografado, pois os médiuns que estão a serviço dos bons Espíritos sabem aguardar a hora propícia para dar publicidade ao que os Espíritos estão escrevendo. Além disso, como disse Allan Kardec, nem somos obrigados a publicar tudo o que os Espíritos transmitem (Revista Espírita, nov/1859) e, por isso, com humildade e confiança, saber-se-á o melhor momento;

2) quando se está no início da psicografia não se deve pensar que a faculdade psicográfica já esteja acabada, sem nada a melhorar ou aperfeiçoar; a regra (admitidas muitas exceções) é que haja um burilamento e amadurecimento ao longo do tempo, com muita prática e disciplina, aperfeiçoando-se o intercâmbio mediúnico pelo treinamento;

3) não se deve intimidar com os eventuais sofrimentos que se anunciam para o trabalho na seara de Jesus; o bem deve estar em primeiro lugar. Divaldo não se intimidou com profecias que ocorreram sobre as dificuldades, incompreensões e ataques que ele enfrentaria na atividade psicográfica e felizmente ele continuou perseverante;

4) não se devem revidar ataques gratuitos e infundados, pois a melhor resposta do discípulo de Jesus deve ser o trabalho incessante em Sua Seara e por isso Divaldo nunca revidou qualquer agressão ou ofensa. Ele nunca teve tempo para responder polêmicas, pois a alegria dos polêmicos é criar confusão e se pôr em evidência. Deixar ao tempo a tarefa de fazer prevalecer a verdade e foi o que ocorreu, pois o tempo está demonstrando que a psicografia de Divaldo inaugurou uma nova fase na literatura espírita mediúnica, como veremos nos próximos artigos;

5) nunca se afastar do comportamento evangélico (de perdão, da indulgência, da compreensão...) com o próximo, em qualquer circunstância, mesmo que tudo pareça estar contra nós.

Felizmente, Divaldo assim se conduziu.

IV – Diferentes temas e estilos literários

Vale a pena começar a analisar alguns temas e estilos literários, absolutamente diferentes, contidos nos livros psicografados pelo médium Divaldo Franco, ditados por diversos autores espirituais. Neste artigo, faremos uma abordagem mais temática, suficiente para dar uma boa ideia.

A literata baiana Amélia Augusta Sacramento Rodrigues (1861 1926), nascida em Oliveira dos Campinhos, em Santo Amaro/BA, foi professora, poetisa, tradutora e conferencista, deixando uma grande contribuição literária e cultural à História da Bahia. Ditou oito livros através do médium Divaldo e, em todos, adotou a forma de narrações evangélicas de muita beleza, atendendo o vocabulário bíblico e a história do Cristianismo primitivo. Consideremos alguns trechos, com várias citações específicas:

Jesus amava a Galileia e os seus filhos.
Afirmava, em Cafarnaum, que aquele era "o Seu povo".

Ali exerceu o Seu ministério em clima de doação total e ternura.

A paisagem, rica de beleza e cor, as criaturas, sem atavios e sinceras, trabalhadoras e destituídas das ambições aviltadoras tocavam-Lhe os sentimentos sublimes.

Por isso, ao convocar o Colégio, reuniu 11 discípulos galileus e apenas um da Judeia, Judas, de Kerioth, aquele que o trairia.

A mente, astuta e perquiridora, inquieta e desconfiada, desarmoniza o sentimento, que se torna suspeitoso, levando à perturbação e insegurança.

Entre os discípulos, Judas se destacava, por não lograr entrosamento emocional nem comportamental com aqueles filhos da terra, como às vezes, eram ironicamente tratados.

A presença d'Ele dava-lhes dignidade, erguia-os do anonimato e da pequenez para as cumeadas de um futuro inimaginável, irisado de bênçãos. (RODRIGUES, Amélia. *Trigo de Deus*, LEAL, 1. ed., pág. 93.)

Bem diferentes são as mensagens temáticas do Espírito Irmão X, que é Humberto de Campos Veras (1886-1934), em relação aos livros do Espírito Amélia Rodrigues. Ele nasceu em Miritiba/MA e desencarnou no Rio de Janeiro/RJ. Foi jornalista, cronista e memorialista de sucesso. Adquiriu maior prestígio como escritor quando publicou contos humorísticos como Conselheiro XX. Era membro da Academia Brasileira de Letras e escreveu várias crônicas por Divaldo. A seguinte mensagem ele ditou ao médium quando este estava fazendo palestras em Roma/Itália, coincidindo com o período da sagração do Papa João Paulo I, Cardeal Albino Luciani, em setembro de 1978. A mensagem se encontra em o livro *A Serviço do Espiritismo*, Ed. LEAL/BA. O Espírito narrou uma interessante e profunda crônica, que representou um diálogo imaginário, quando teria encontrado o apóstolo Pedro após a referida cerimônia religiosa:

Terminada a pomposa celebração que tornava o cardeal Albino Luciani, o Papa João Paulo I, o 264º Chefe da Igreja Católica Apostólica Romana, "sucessor do príncipe dos após-

los, patriarca do Ocidente, primaz da Itália, arcebispo e metropolita da Província Romana, soberano do Estado da Cidade do Vaticano e servo dos servos de Deus", a grandiosa Praça de São Pedro, na cidade do Vaticano foi, pouco a pouco, ficando deserta.

Sopravam os primeiros ventos outonais. Quase imperceptivelmente, sob o zimbório de poucas estrelas, um vulto que pervagava, solitário, tomou o rumo da via da Conciliação, que leva ao Castelo de Santo Ângelo, sombriamente erguido nas terras úmidas do sonolento rio Tibre.

Não sopitando a curiosidade, acerquei-me do viandante, que parecia mergulhado em profundo cismar.

Ao identificar a personagem melancólica, estuguei o passo e exclamei, reverente, emocionado:

Simão Pedro! Meu Deus, é o apóstolo Pedro!

Sim, tratava-se do extraordinário trabalhador do Evangelho.

Nem cortejo de anjos ou um séquito de santos se encontrava com ele. Nenhum bem-aventurado ou quaisquer comitivas celestes se faziam presentes. A indumentária de tecido humilde, as sandálias de peregrino e a expressão de infinita angústia, marcando-lhe a face crestada e sulcada pelas antigas lides e sacrifícios, eram a marca dos dias apostólicos nele revividos.

Para onde ides, Senhor?

Para fora do Vaticano, retornando às vias do sofrimento humano para servir a Jesus.

Viestes à celebração da Missa – animei-me a indagar – *e ao entronizamento daquele que será vosso sucessor direto como Vigário do Cristo, na Terra?*

O apóstolo, que dera a vida entre as traves de uma cruz tosca e brutal, olhou na direção das imensas colinas e dos estupendos edifícios e, com voz pausada, repetindo o profeta galileu, afirmou:

Sim. Fui notificado da solenidade e resolvi conhecê-la. Todavia, desde que cheguei, não encontrei, num momento sequer, a presença de Jesus aqui. A opulência, o cerimonial, a liturgia recordaram-me os transitórios valores do mundo...

Irmão X (Humberto de Campos) – (*A serviço do Espiritismo*, Nilson Pereira/Divaldo Franco, LEAL/BA, 1 ed. pág. 127).

Já o Espírito Manoel Philomeno Batista de Miranda (1876 1942) nasceu em Conde/BA, trabalhou no comércio, tornou-se espírita em 1914, tendo sido um grande colaborador da União Espírita Baiana, em Salvador. Ditou oito livros através do médium Divaldo. Nessas obras, ele explorou temas totalmente diferentes dos explorados pelos Espíritos acima comentados (Amélia Rodrigues e Irmão X), enfocando a obsessão e relacionando-a com os problemas psiquiátricos, valendo-se também de um vocabulário específico, com inúmeras citações históricas, acadêmicas e revelando profundo conhecimento dessa área. Senão, vejamos:

Do ponto de vista psiquiátrico, ela (Julinda) fez um quadro de psicose maníaco-depressiva, que se apresenta com gravidade crescente. Da euforia inicial passou à depressão angustiante, armando um esquema de autodestruição.

Inicialmente, foram-lhe aplicados os recursos da balneoterapia, buscando-se produzir uma melhor circulação sanguínea periférica, através de duchas rápidas, ligeiramente tépidas. Logo após, foram aplicados opiáceos e agora associam-se os derivados barbitúricos e o eletrochoque, sem resultados favoráveis mais expressivos.

Graças aos recursos financeiros de que dispõe, é possível mantê-la isolada sob regular assistência. Ao lado destes, o concurso moral da mãezinha e o devotamento do esposo têm-lhe sido de grandes benefícios, evitando-se males maiores.

É lamentável que persista a distância entre a terapia psiquiátrica e a psicoterapêutica espiritual. No caso em tela, têm redundado infrutíferos, senão perniciosos, os tratamentos à base dos derivados de barbitúricos, quanto do eletrochoque.

Do ponto de vista psiquiátrico, discute-se que a PMD quanto a esquizofrenia são uma "psicose endógena", cuja causa se encontra nos genes, transmitida hereditariamente de uma para outra geração, sendo, em consequência, uma fatalidade inditosa e irremissível para os descendentes de portadores da mesma enfermidade, especialmente nas vítimas da chamada "convergência hereditária".

Afirma-se, dentro desta colocação, que o desvio patológico exagerado da forma de ser cicloide, somado a uma formação física pícnica,[14] no qual estão presentes as forças predominantes das glândulas viscerais encarregadas da determinação do humor, faz-se responsável pelo quadro da psicose maníaco-depressiva. É exatamente, dizem, esta constituição cicloide que oferece os meios próprios para a irrupção da psicose maníaco-depressiva, tornando-se, dessa forma, o indutor hereditário.

Asseveram outros estudiosos, que a PMD resulta de alterações endócrinas, particularmente nos quadros das manias e melancolias.

Ainda diversos psiquiatras acreditam como fatores predominantes as variações do quimismo orgânico... (MIRANDA, Manoel Philomeno. *Nas fronteiras da loucura*, LEAL, 1. ed., pág. 29).

Admiráveis são a abordagem e o vocabulário do Espírito Manoel Philomeno de Miranda, totalmente diversos dos Espíritos vistos anteriormente.

Neste mesmo sentido, um comentário precisa ser feito do Espírito Francisco do Monte Alverne (1784-1858), orador sacro, franciscano, nascido e desencarnado no Rio de Janeiro. Foi professor de Filosofia, Eloquência e Teologia no Colégio de São Paulo. Considerado o maior pregador sacro de sua época. Divaldo psicografou o livro *Florilégios Espirituais*, Editora IDE/Araras/SP, publicado em 1981. O Espírito Francisco do Monte Alverne escreveu através de Divaldo uma obra de reflexões teológicas. Ele refletiu sobre a cruz, o céu, o inferno, os chamados e os escolhidos, o amor, a

---

[14] Cfe. Dicionário Aulete Digital. Pícnico: adj. || (antr.) diz-se do tipo humano de corpo atarracado e grosso, e de membros curtos, que corresponde ao caráter ciclotímico (nota da Editora).

caridade etc., a partir de referências dos textos bíblicos, tudo obviamente sob as luzes da Doutrina Espírita. Curioso que nas *Obras oratórias* deste orador sacro, que é uma coletânea de seus discursos, enfeixados em dois grossos volumes, Editora Guarnier, extraímos uma peculiaridade significativa. Há o importante detalhe que mais da metade dos capítulos das *Obras oratórias* representaram um Panegírico (que é um discurso laudatório em louvor de alguém ou de alguma coisa). Este vocábulo 'panegírico', destaque-se, é muito pouco conhecido e utilizado pelas pessoas comuns nos séculos XX e início do século XXI. Para exemplificar, em vida ele escreveu o Panegírico de S. Sebastião, o de S. Francisco de Paula, o de S. Lourenço, o de S. Joaquim etc. Na obra mediúnica *Florilégios Espirituais*, psicografada por Divaldo, da mesma forma quase a metade do livro foi também constituída de Panegíricos, como o *Panegírico do fogo do amor, da vida, da fé, da dedicação, do conhecimento, da caridade* etc. Enfim, é mais um detalhe que precisa ser registrado.

Voltando ao comentário das mensagens pessoais dos Espíritos aos seus entes queridos, dentre as milhares que Divaldo psicografou, vejamos uma mensagem ditada pelo Espírito Cristiane Rodrigues Moraes (1964-1980), que nasceu em Piracicaba/SP e desencarnou em Itambé/BA. Em 28/01/1983, o Espírito Cristiane transmitiu mensagem pelo médium Divaldo, que não a conheceu e nem ninguém da família. Destaca-se que não havia na reunião em que Divaldo psicografou a mensagem ninguém que conhecesse Cristiane (para afastar qualquer teoria do inconsciente, telepatia etc.). Neste texto há mais de trinta particularidades (nomes, datas, parentesco, lugares, circunstâncias etc.) e detalhes familiares. Analisemos:

Querida mãezinha Vilma,
abençoe sua filha.

Misturamos lágrimas e sorrisos nesta noite abençoada, agradecendo a Deus a felicidade do nosso amor indescritível.

Há dezesseis janeiros, neste dia vinte e oito, em Piracicaba, eu volvia aos seus braços amados, renascendo para a breve experiência da qual o acidente com a arma de fogo me convidaria a mais acuradas meditações naquela sexta-feira, vinte de junho, há dois anos, sete meses e oito dias... A contagem do tempo da nossa separação física tem a finalidade de evocar as alegrias que temos fruído juntas após as saudades que nos dilaceram nas primeiras horas.

Acompanhei-a, vindo para cá e meditando em nossa festa natalícia que você desejou comemorar neste santuário de amor, onde a nossa correspondência contínua nos tem falado de esperanças e de gratidão.

Não nos separamos. Sua Cris continua crescendo para Deus e tentando acompanhar a marcha do progresso com os olhos postos em nosso futuro luminoso, no qual incluímos o sempre querido pai Luiz e a nossa amada família.

Participamos dos júbilos do nosso Ageu e das realizações do nosso Luiz Lourenço e do nosso João, sem que me esqueça da nossa querida Taciana, que você e o pai, num momento muito feliz colocaram em nosso lar para que ela se transformasse numa estrela, irradiando claridade, quando ainda se demoravam algumas sombras teimosas de saudades. É que o coração de mãe pode ser comparado a um oceano de amor, onde cabem todos os anseios do mundo e nada consegue esvaziar... Nesse sentido, à medida que o tempo vem passando, você logra aumentar a nossa família graças ao afeto da nossa muito querida Iaia, que recolheu, na sua prole feliz o nosso delicado Daniel, enriquecendo o grupo da letra D com mais um anjo corporificado. Refiro-me aos nossos Dener, Dione, Débora, Danilo e Dênio que se tornaram o grupo jovial e alegre em nossa família aumentada. É por

---

Nota: Os vários nomes, datas e informações assinaladas foram ratificados em pesquisa junto aos familiares da missivista, todos desconhecidos do médium. A mensagem foi recebida por Divaldo em Uberaba/MG, em 28/01/1983, no Grupo Espírita da Prece, numa reunião pública.

isso que não cesso de rogar à nossa devotada Albanize que lhe ofereça esse carinho de que ela é dotada, cooperando com você na escalada, monte acima, da redenção.

Mãezinha, você trouxe para a festa desta noite as presenças queridas do tetravô Lourenço, da amada avó Olímpia, que envolvem em carinho as avós Dulcina e Maria sempre queridas que, comovidos e agradecidos a Deus, participam do bolo do amor que nos alimenta nesta festa de evocações e não mais de saudades, antes, de júbilos e emoções superiores com que a vida nos brinda.

Cristiane (Vidas em triunfo – Diversos Espíritos, LEAL/ BA, pág. 112)

Nos próximos artigos, prosseguiremos a análise literária da obra psicográfica do médium Divaldo Franco.

V – Diferentes temas e estilos literários

Prosseguindo na análise temática e estilística dos livros do médium Divaldo Franco, agora vamos nos ocupar de outros autores espirituais.

O Espírito Manoel Vianna de Carvalho (1874 -1926), nascido em Icó/Ceará, foi engenheiro militar, bacharel em matemática, ciências físicas, destacando-se como um dos maiores tribunos do Espiritismo de seu tempo, inspirando a fundação de vários Núcleos Espíritas em diversos Estados do Brasil. Tendo abraçado o ideal espírita desde os 17 anos, foi também polemista e um grande incentivador da evangelização infantil e de jovens, além de ter igualmente trabalhado precocemente pela causa da unificação dos espíritas brasileiros. Ele ditou 4 livros por Divaldo, utilizando uma temática totalmente diferente da dos outros autores espirituais, valendo-se de inúmeras citações históricas, científicas e filosóficas de muita erudição, expondo seu pensamento com reflexões e linguagem próprias, completamente diferentes dos outros autores espirituais já vistos.

Quando a Filosofia altera sua estrutura com Hegel, Marx e Engels, estabelecendo a desnecessidade da alma para a interpretação da vida e a compreensão do Universo; no momento em que Florens e Cuvier declaram nunca haver encontrado a alma nas centenas de cadáveres que dissecaram; no instante em que Broussais, Bouillaud, zombaram da alma imortal e Moleschot, Buchner e Karl Vogt afirmam que o Espírito é uma exsudação cerebral, surge Allan Kardec com a força demolidora da lógica e da razão, apoiando-se na linguagem insuperável dos fatos, para afirmar a Causalidade do Universo, a preexistência da alma ao corpo e a sua sobrevivência ao túmulo, apresentando uma ciência ímpar, resultado de laborioso trabalho de investigação fundamentada na experiência e que resistirá ao pessimismo, à perseguição e ao descrédito.Vianna de Carvalho (*Reflexões espíritas*, LEAL).

Filosofia e Ciência são os temas utilizados pelo Espírito Vianna de Carvalho.

Já o Espírito Joanna de Ângelis, o Guia espiritual do médium Divaldo Franco, ditou a ele mais de 50 livros, dos quais dezessete compõem uma Série Psicológica. Nesta Série Psicológica, esse Espírito discorre com propriedade a abordagem ligada à história da Psicologia, numa linguagem própria e com várias citações históricas e acadêmicas. Muitos destes livros são verdadeiros ensaios psicológicos e várias vezes, pessoalmente, ouvimos estudantes de Psicologia, de várias cidades brasileiras, informando ao médium Divaldo que eles estavam estudando essas obras do Espírito Joanna de Ângelis na Faculdade e que eram consideradas de extrema atualidade. A última encarnação conhecida do Espírito Joanna de Ângelis ocorreu em Salvador/BA, como Joana Angélica de Jesus (1761-1822), religiosa que auxiliava moças desamparadas, desencarnando no Convento da Lapa por resistir pacífica e heroicamente à invasão de tropas contrárias à Independência do Brasil. Outra encarnação sua conhecida ocorreu no México, como Sóror Juana Inés de la Cruz (1651-1695), nascida na aldeia de San Miguel Nepantla, aprendendo a ler aos 3 anos. Foi religiosa, teóloga, poetisa e poliglota, considerada uma das maiores intelectuais de seu tempo, desencarnando vítima de uma peste, contraída em razão da assistência que prestava às doentes contaminadas. O Espírito Joanna de Ângelis teve também uma encarnação conhecida em Assis/Itália, no século XIII, ocasião em que teve próximo contato com Francisco de Assis e as clarissas, juntamente com as quais assistia os leprosos. Outra encarnação que se conhece do Espírito Joanna de Ângelis ocorreu no tempo de Jesus, como Joana, a esposa de Cusa, despenseiro de Herodes Antipas. Joana foi uma das santas mulheres que auxiliavam o Mestre, sendo citada pelo evangelista Lucas (8,3 e 24, 10) e descrita pelo Espírito Humberto de Campos, em a obra *A Boa Nova* (cap. 15), psicografada por Chico Xavier. Foi martirizada no ano 68, em Roma, por ser cristã.

Consideremos alguns trechos de um de seus livros:

O psicólogo americano pragmatista, William James, classificou os biótipos humanos em espíritos fracos e fortes, enquanto Ernesto Krestchmer, psiquiatra alemão, considerou as personalidades de acordo com a compleição do indivíduo em pícnico, ou pessoa redonda; atlético, ou pessoa quadrada; e o astênico, pessoa delgada. Em face de tal conclusão, afirmou que há espíritos esquizoides e ciclotímicos, enquanto Carl Jung os considerou introvertidos e extrovertidos. Em todos há uma ânsia comum: os fracos fortalecerem-se, os ciclotímicos harmonizarem-se, e os introvertidos exteriorizarem-se.

As psicoterapias são aplicadas conforme as revelações do inconsciente, arrancando dos arquivos do psiquismo os fatores que geraram os traumas e determinaram os conflitos, interpretando as ocorrências dos sonhos nos estados oníricos e as liberações catársicas nas demoradas análises. Somente a sondagem cuidadosa dos arcanos do ser pretérito enseja o encontro das causas passadas, geradoras dos problemas atuais. Uma análise transpessoal libera-o dos tabus, inclusive, da visão distorcida da realidade,

> *que deixa de ser a exclusiva expressão terrena, para transportá--la para a vida imortal, precedente ao corpo e a ele sobrevivente, demonstrando que o êxito, o triunfo, o fracasso, o insucesso, não se apresentam conforme a proposta social imediatista, porém outra mais significativa e poderosa.*
> Joanna de Ângelis *(O Ser consciente, LEAL/BA, 1. ed., pág. 53)*

O vocabulário e a temática utilizados pelo Espírito Joanna de Ângelis nestes livros são totalmente específicos da ciência psicológica e já ensejaram seminários e congressos espíritas em vários Estados do Brasil e até mesmo no exterior. Isto representa sem dúvida uma nova fase da literatura mediúnica, na qual a Espiritualidade passa a atuar mais diretamente na realidade humana.

DIVALDO NA ACADEMIA DE LETRAS?

A BIXENOGLOSSIA

Continuando o incisivo estudo literário-mediúnico, é necessário fazer um comentário do notável poeta, romancista, dramaturgo, político, jornalista e orador francês Victor Hugo, nascido em 1802 e desencarnado em 1885, considerado como um dos maiores e mais fecundos escritores de todos os tempos. Desde 1993 está sendo feita uma gigantesca pesquisa sobre este escritor francês (com base nas suas obras completas), comparando-se suas características literárias com as constantes em todas as obras psicografadas pelo médium Divaldo Franco. Divaldo psicografou oito obras atribuídas a esse Espírito. Foram anotadas milhares de características em comum entre o escritor Victor Hugo e o Espírito Victor Hugo (metáforas, hipérboles, anticreses, antíteses, neologismos, vocabulário, cor local – isto é, a ambientação -, citações em latim, em espanhol, em inglês, o grotesco, o burlesco, onomástico, peculiares linguísticas, método enfático, citações geográficas, históricas, mitologia, etc.). Os resultados desta exaustiva comparação literária já se vislumbram... (Trata-se do livro *100 Reflexões Filosóficas e Cor Local nos Romances de Victor Hugo*, publicado pela Leal em 2009).

As obras do Espírito Victor Hugo psicografadas por Divaldo são romances, isto é, algo totalmente diferente dos livros poéticos, contos, teológicos, crônicas, narrações evangélicas, familiares e outros, como também muito diferentes são o estilo e a temática do Espírito Victor Hugo, totalmente distintos dos estilos e temáticas dos outros autores espirituais. Victor Hugo foi um latinista porque ainda na puberdade ele já tinha um conhecimento que superava o de seu professor de latim e, púbere, Victor Hugo já fazia traduções dos clássicos latinos. Nas obras psicografadas por Divaldo também se encontram dezenas de citações latinas. Citaremos só uma, pois tem o agravante de que nela se constata a bixenoglossia (dois casos simultâneos de xenoglossia), pois ao mesmo tempo que a citação foi escrita em latim o foi igualmente em italiano:

Cor magis tibi Sena pandit (Siena t'apre un cuore più di questa porta) (Siena te abre o coração mais que a sua porta), em *Párias em redenção*, Victor Hugo, Livro Primeiro, 6, pág. 81.

Faremos mais duas citações (dentre milhares anotadas), nas quais o burlesco (isto é, satírico) se mistura com o metafórico:

Como encarnado, em *Os Miseráveis*, um dos principais e mais famosos romances do escritor Victor Hugo, encontramos:

Na presença de Jeová ele subiria pulando com os pés juntos os degraus do Paraíso. Os miseráveis, Victor Hugo, Terceira Parte, Livro Primeiro, Cap. IX, vol. 3, pág. 296.

Se alguém conseguisse sobreviver a um tiro de canhão recebido em pleno peito, não teria expressão diferente da de Fauchelevent naquele instante. Os miseráveis, Victor Hugo, Segunda Parte, Livro Oitavo, Cap. V, vol. 3, pág. 216.

Observa-se claramente o burlesco (o satírico), permeado com a linguagem metafórica. Nas obras psicografadas por Divaldo, ditadas pelo Espírito Victor Hugo, encontra-se essa mesma característica (o burlesco metafórico):

E eu era também um cadáver que respirava. Sublime expiação, Victor Hugo, Livro Primeiro, 6, pág. 94.
Seria o mesmo que pedir à leoa faminta que cuidasse dos filhotes recém-nascidos da gazela. Quedas e ascensão, Victor Hugo, Segunda Parte, 4, pág. 129.

Podemos lembrar ainda a sua característica de descrever minuciosamente as personagens, material e psicologicamente, seu vestuário, sempre se valendo das metáforas:

Em *O corcunda de Notre-Dame*, outra de suas mais conhecidas obras, temos:

Estava de pé, na sombra, imóvel como estátua, um homem vigoroso e membrudo, de arnês de guerra e casaca brasonada e cujo rosto quadrado, fendido por dois olhos à flor, rasgado por enorme boca, escondendo as orelhas sob dois largos anteparos de cabelos chatos, sem testa, tinha simultaneamente o que quer que fosse de cão e do tigre". Notre-Dame de Paris, Victor Hugo, Segunda Parte, Livro Décimo, Cap. V, vol. 9, pág. 343.

Nas obras psicografadas por Divaldo, ditadas pelo Espírito Victor Hugo, encontra-se igualmente esta mesma característica descritiva:

As calças muito justas, presas nas meias altas que se fixam com beleza e a faixa na cintura, muito bem ajustada sobre a camisa normalmente em rendas finas e trabalhadas, são completadas com o jaleco enfeitado e folgado nas mangas, para facilitar a movimentação do toureador. O cabelo preso, terminado em delicado rabo de cavalo curto e preso, dão ao conquistador da arena um porte elegante, que impressiona a massa adoradora.

O sapato escarpin, bem ajustado aos pés, é complemento indispensável para a corrida, próprio para facultar a rápida movimentação do verdadeiro passo de balé. Complementado pelo gorro que raramente vai posto na cabeça, o herói está preparado para a batalha. Quedas e ascensão, Victor Hugo, Primeira Parte, 2, pág. 40.

Entrar no universo hugoano precisaria ser algo exclusivo, para estudar literariamente este grande escritor, agora Espírito, ele que já escreveu oito romances pelo médium Divaldo Franco. Mas este trabalho que está sendo feito terá sua oportuna publicidade, porém, acreditamos que já deu para ter uma pequeníssima ideia. Considerando que foi possível nesses 11 anos de pesquisa recolher muitas informações da literatura hugoana, está no prelo somente uma coletânea das obras mediúnicas do Espírito Victor Hugo, através do médium Divaldo, que servirá como que um "aperitivo" para o gigantesco estudo que foi realizado de suas obras completas e que há de ensejar várias obras (literárias e espíritas).

No próximo artigo, continuaremos a enfocar as diferenças temáticas e estilísticas de alguns autores espirituais que ditaram livros através do médium Divaldo, desta vez de autores espirituais que são Prêmio Nobel de Literatura.

Destacamos que o que até agora foi visto foram somente partes de mensagens de alguns livros, mas não podemos esquecer que são mais de uma centena de livros inteiros psicografados por Divaldo, como centenas e diferentes são os autores espirituais, tudo isso para que vejam os que têm olhos para ver...

VI – Poderia ele ser indicado ao Prêmio Nobel de Literatura?

Até agora comentamos mensagens mediúnicas que Divaldo psicografou de Espíritos que foram em vida pessoas comuns, escritores (Amélia Rodrigues) e até mesmo acadêmicos de letras (Humberto de Campos, no Brasil, e Victor Hugo, na França).

Agora vamos nos ocupar de escritores que ganharam o Prêmio Nobel de Literatura e por isso a situação muda muito de posição. Se já não bastasse psicografar vários livros, desses diferentes autores espirituais, em diversos estilos, em muitas diferentes temáticas, de alto nível acadêmico, agora psicografar Prêmios Nobel de Literatura é algo que não pode passar despercebido e, por mais cética que seja a pessoa, não pode ficar indiferente a isso.

Faremos um despretensioso registro comparativo gramatical e literário dos livros mediúnicos ditados por esses Espíritos que foram Prêmios Nobel, com os livros que escreveram em vida.

Explicação necessária

A primeira coisa que precisamos saber é que não é certo esperar-se que livros mediúnicos repitam, exatamente,100% do que um Espírito manifestou em vida como escritor. Não esqueçamos que todos os Espíritos estamos sujeitos à Lei de Evolução e, naturalmente, adquirimos novas ideias e nos adequamos ao tempo e espaço em que vivemos. Além do que, há uma adequação do aparelho mediúnico aos Espíritos que se manifestam, atendendo a uma sintonia vibratória e psíquica. Seria um contrassenso esperar que um Espírito continuasse exatamente igual, passadas décadas ou séculos. Somos testemunhas de que todos sofremos mudanças, por vezes até de um dia ou de um ano para outro. Desvestidos da matéria pelo fenômeno da morte, os Espíritos continuamos evoluindo, nos aperfeiçoando e aprendendo. O que se deve esperar é que se mantenha, sim, uma pálida nuance característica do Espírito, mais predominantemente quando tratamos de Espíritos que foram escritores e Prêmios Nobel de Literatura porque, nestes casos, estas peculiaridades gramaticais, literárias e nuances são muito mais marcantes neles, correspondendo muito às próprias condições evolutivas como Espírito.

I – Espírito dá Prêmio Nobel de Literatura a Selma Lagerlöf

A contista, poetisa e moralista sueca Selma Lagerlöf (1858-1940) foi possuidora de uma admirável intuição da psicologia infantil e muito enraizada às lendas e tradições de sua terra. Primeira mulher a ganhar o Prêmio Nobel de Literatura em 1909, além de algumas novelas escreveu muitos contos, tudo em geral sobre assuntos nórdicos e cristãos. Especificamente na área de contos, que mais a tornou famosa, escreveu muitas lendas, como *A Lenda de uma Quinta Senhorial*, *A Lenda de Gösta Berling*, *A Lenda de uma Dívida*, *Uma Lenda em Jerusalém* etc. Através do médium Divaldo, Selma Lagerlöf ditou também lendas, que foram contos intitulados *A lenda dos milagres do amor* e *A lenda do esconderijo seguro*. Interessa destacar peculiaridades importantes para este estudo literário:

– o Espírito Selma Lagerlöf manteve, desencarnado, uma característica que teve quando encarnado, que foi escrever contos sob a forma de lendas;

– os contos de Selma Lagerlöf que Divaldo psicografou tiveram dez ou mais páginas, que foi o mesmo número de páginas que tiveram os contos de Selma Lagerlöf em vida;

– os contos ditados pelo Espírito Selma Lagerlöf a Divaldo foram voltados à psicologia infantil, igualmente como ocorreu em suas obras como escritora;

– os contos mediúnicos deste Espírito tiveram assuntos cristãos, como ocorreu várias vezes nas suas obras como escritora;

– na obra mediúnica *A Lenda dos Milagres do Amor*, detalhe importantíssimo é que um dos personagens é um *troll*, ou duende, que é uma criatura antropomórfica do folclore escandinavo. *Troll* é figura totalmente desconhecida do folclore brasileiro. A Sra. Solveig Nordström que, por alguns anos, foi a tradutora das palestras de Divaldo na Escandinávia, traduziu este conto para o sueco e afirmou que a lenda psicografada por Divaldo está completamente dentro do estilo de Selma Lagerlöf; em poucas linhas, o Espírito exteriorizou sua fé no poder da bondade do amor e a ação se passa em uma autêntica paisagem sueca, com vegetação típica: tílias, rönn e bétulas; são detalhes importantes da cor local que não se pode ignorar.

Recorremos à amiga Cidinha Bergmann, esposa do Sr. Oloff e que reside em Estocolmo, na Suécia, e lhe pedimos que procurasse o jornalista Alf Folmer, que conheceu pessoalmente Selma Lagerlöf e que teve oportunidade de ouvir uma palestra do médium Divaldo na Suécia, há alguns anos, e conheceu o opúsculo (uma lenda) psicografado por Divaldo do Espírito Selma.

Gentilmente, o Sr. Alf prestou um importante testemunho, que precisa ficar registrado nos anais da história da literatura mediúnica:

Divaldo e Selma Lagerlöf

Eu mesmo conheci Selma Lagerlöf quando menino. Ela costumava reunir as crianças em torno de si para contar-lhes histórias. Histórias de duendes e de pessoas humanas. A história do duende de Asberg, que morava na montanha mais próxima e queria estar junto das pessoas, mas quedou-se na montanha.

Eu mesmo fiz uma grande escultura abstrata deste duende.

Quando Divaldo esteve em Estocolmo a 12 de junho de 1994, Selma Lagerlöf (Espírito) apareceu para contar uma nova história de 'troll' (duende). Divaldo a psicografou. Foi

Selma quem conduziu o lápis e a mão de Divaldo, e resultou na história do duende que queria estar entre as pessoas humanas, mas era constantemente enxotado. Mas o duende voltava para brincar com o menino que sempre estava tristonho. O menino e o duende se tornaram bons amigos. O menino passou a ficar contente, dançava e era feliz. O semblante do duende agora veio a transformar-se no de um belo jovem.

A mensagem de Selma Lagerlöf resultou na Lenda dos Milagres do Amor. *Este conto é inteiramente no estilo de Selma Lagerlöf."*

Nos próximos artigos, prosseguiremos nesta análise temática, gramatical e literária de outro Espírito que foi Prêmio Nobel de Literatura e que ditou quatro livros (três exclusivos e outro em parceria com o Espírito Marco Prisco) através do médium Divaldo Franco.

VII – Parte I

Poderia ele ser indicado ao Prêmio Nobel de Literatura?

Explicação necessária

Reiteramos que não é certo esperar-se que livros mediúnicos repitam, exatamente, 100 %, do que um Espírito manifestou em vida como escritor. Já esclarecemos que todos os Espíritos estamos sujeitos à Lei de Evolução e naturalmente adquirimos novas ideias e nos adequamos ao tempo e espaço em que vivemos. Seria um contrassenso esperar que um Espírito permaneça exatamente igual, passadas décadas ou séculos, pois todos sofremos mudanças, por vezes até de um dia para outro. Mas nos casos de Espíritos literatos é esperável que se mantenham nuances características do Espírito, porque nestes casos elas são muito mais marcantes neles, correspondendo muito às próprias condições evolutivas do Espírito.

II – Espírito do Prêmio Nobel de Literatura, Rabindranath Tagore

O Espírito que começaremos a estudar é Rabindranath Tagore. Em vida ele estudou literatura inglesa na Universidade de Londres. Quando voltou à Índia colaborou em jornais e revistas, destacando-se como um inspirado místico, fecundo poeta, além de ter escrito algo também em prosa. Ele ganhou o Prêmio Nobel de Literatura em 1913 e, através de Divaldo, Tagore ditou três obras mediúnicas líricas, publicadas pela Editora Leal/BA, intituladas: *Estesia*, *Filigranas de Luz* e *Pássaros Livres*, além de outra em parceria com o Espírito Marco Prisco (*Momentos de Renovação*, também pela Editora Leal/BA).

Tagore pertenceu ao Modernismo ou Pós-Modernismo poético, no qual os poetas abandonam as métricas ou qualquer regra de composição, permitindo que a poesia se desenvolva com encantamento solto e natural. Uma das principais obras do escritor Tagore foi *Gitanjali* (que quer dizer oferenda lírica).

Característica marcante dele foi seu absoluto lirismo, que era como sua alma pulsava e se expressava. Essa característica se manteve nas obras mediúnicas, todas poéticas. O prefácio do próprio Espírito Tagore ao livro *Estesia* foi psicografado pelo médium Chico Xavier (1910-2002), em 1958, exclusivamente para compor o livro ditado ao médium Divaldo Franco. Apesar de ser um importante fator para confirmação da validade psicográfica do livro *Estesia*, Divaldo só publicou esse livro em 1986, pois era importante que o livro fosse aceito por seu próprio valor e não pelo prefácio psicografado pelo Chico. Feita a comparação, temos dados muito importantes:

A Veneranda Joanna de Ângelis

1) Inicialmente, registramos que a obra *Gitanjali* apresentou 590 vocábulos principais, entre verbos, adjetivos, substantivos, advérbios e muitas figuras de linguagem;

2) foram encontrados na obra mediúnica *Estesia* (que quer dizer sensibilidade), do Espírito Tagore, através de Divaldo, 320 vocábulos destes 590 principais de *Gitanjali*, representando a significativa porcentagem de 54% das palavras marcantes coincidentes entre as duas obras! O livro *Estesia* parece uma continuação de *Gitanjali*, com a diferença de que o livro *Estesia* está mais desenvolvido, pois enquanto *Gitanjali* teve somente 590 vocábulos marcantes, aquele teve 1335 vocábulos mais destacados (o que praticamente corresponde ao dobro de *Gitanjali*).

(...) O mais significativo não é a estatística das palavras e versos (o número de verbos, de adjetivos, de advérbios, de figuras de linguagem etc.), mas sim o inconfundível lirismo do poeta, que se repetiu com a mesma melodia e inspiração. Senão, vejamos:

GITANJALI, VERSO 68, ESCRITO POR TAGORE QUANDO ENCARNADO:

Tu és o céu e és o ninho também.

Ó tu, cheio de beleza é o teu amor que aqui, neste ninho, prende a alma com cores, sons e perfumes!

Aqui a madrugada chega com a cesta de oiro na mão direita, trazendo a grinalda da beleza para silenciosamente coroar a terra.

E aqui, sobre os solitários campos que os rebanhos deixaram, a tarde chega por ínvios caminhos, trazendo do oceano ocidental do sossego gotas frescas de paz no seu cântaro doirado.

Mas aí onde o céu infinito se estende para que a alma levante nele o seu voo, aí reina o esplendor branco e sem manchas. Aí não há dia nem noite, não há forma e nem há cor, e nunca se ouve, nunca, uma única palavra.

Para comparar com a obra mediúnica, tomemos o verso LII do *Estesia*, e constatemos principalmente o mesmo lirismo do poeta, além das várias coincidências de palavras:

Vencido pela funda angústia da minha mágoa, despertei quando o jovem rosto da manhã adornado de luz e com engastes de ouro no mar das nuvens viajeiras, me convidou para o banquete do dia.

Tudo respirava perfume leve e os braços do vento, carregando o pólen da vida, cantavam nos ramos do arvoredo delicada canção.

Saí a correr para fora, tentando fugir da furna escura dos meus padecimentos.

A presença invisível do Bem-amado fazia-me arder em febre de ansiedade, enquanto os pés ligeiros das horas corriam à frente impondo-me fadiga e desconforto...

Embriagado pelas paixões, meu ser estava esfaimado pela paz.

Tentando conseguir todas as conquistas, não lograva liberar-me do punhal da melancolia cravado no coração das lembranças da tua ausência.

Quando a tarde se escondeu nos longes das montanhas altaneiras, extenuado e só, outra vez tombei em mim mesmo...

Por que, poderoso conquistador, não me dominaste com fortes recursos da tua soberana misericórdia, livrando-me de mim mesmo?

A noite devorou o dia, e, ao escancarar a boca negra, miríades de astros coruscantes compuseram o diadema da vitória total da luz...

Só então, solitário e meditativo, compreendi como a minha canção de dor chegara aos teus ouvidos e me respondeste em vibrações fulgurantes de esperanças a distância.

Repouso e espero.

Penetra-me, Cancioneiro do silêncio, com as tuas melodias, a fim de que, repleto de sons e paz, eu possa doar-me ao teu infinito poder, no socorro aos párias do mundo, qual eu próprio também o sou.

Constata-se que Tagore está muitíssimo nítido e expresso na sua inspiração e lirismo na obra mediúnica. Encontram-se no verso LII de *Estesia* muitas figuras de linguagem e os vocábulos ouro, sons, perfume, solitário, tarde, infinito, dia, noite, que estão no verso 68 de *Gitanjali*, estão também sublinhados no verso LII e outras palavras que são encontradas noutros versos de *Gitanjali*.

A conclusão é de que um estudo mais profundo precisa ser feito pelos negadores da sobrevivência da alma após a morte e sobre a possibilidade de os Espíritos se comunicarem através de médiuns, para abandonar a descrença na hipótese imortalista.

Infelizmente, dos vários livros mediúnicos de Divaldo vertidos para mais de quinze idiomas, os três livros mediúnicos de Tagore ainda não foram traduzidos para o inglês, caso contrário certamente até os encaminharíamos à Academia de Estocolmo e à Fundação Nobel na Suécia, indicando merecidamente o médium Divaldo para o Prêmio Nobel de Literatura, só para constatar qual seria o resultado!...

Disponível em: <http://www.divaldofranco.com/noticias.php?not=152 publicado em 29.03.2010>. Acesso em: setembro de 2010.

Divaldo Franco proferindo palestra
(Foto por Celeste Carneiro)

Entrevistas

Selecionamos algumas entrevistas de Divaldo P. Franco à imprensa, a fim de termos uma ideia do seu pensamento sobre assuntos da atualidade. Conservamos as duas primeiras publicadas na edição inicial deste livro e inserimos outras, uma vez que o progresso avança em passos galopantes e em mais de duas décadas muitos temas novos surgiram, deixando a Humanidade ansiosa por esclarecimentos da Espiritualidade que venham a orientar o comportamento cristão neste início de milênio, quando a sociedade se prepara para viver no Terceiro Milênio, repleta de esperança de um mundo melhor, conforme anunciado como a Nova Era.

Divaldo Franco em entrevista

18
Programa na Televisão Borborema

Campina Grande, Paraíba,
no dia 05.03.79, cujo entrevistador
foi Chico Maria.

Confidencial – Professor Divaldo, o senhor já se sentiu perdido em alguma parte do mundo e foi orientado pelos Espíritos?
Divaldo – Sim, já ocorreu no ano de 1969, quando nos encontrávamos em Nova Iorque e fôramos incumbido, por um amigo, de levar uma encomenda a uma pessoa que não conhecíamos; naquela oportunidade, dispúnhamos do endereço que estava exarado no volume, mas, para nossa surpresa, o volume não se destinava à cidade de Nova Iorque; nós retornamos ao hotel e programamos, então, despachá-lo através do serviço de correio, quando nos apareceu um Espírito que se dizia chamar Telêmaco e nos solicitou que deveríamos entregar o volume pessoalmente; acompanhou-nos até a casa, conduziu-nos, e ali mantivemos um encontro com o destinatário. Foi no mês de novembro de 1969.

Confidencial – Ramatis, na sua obra A Vida no Planeta Marte e os Discos Voadores, *mostra um plano astral, que muitos espíritas rejeitam. Por que essa rejeição?*

Divaldo – É que ainda não foram confirmadas, cientificamente, aquelas alegações de Ramatis. Para os espíritas, não é válida a informação, tão somente porque veio por um Espírito. Se a Ciência não confirmar, é melhor não a aceitarmos.

Confidencial – Segundo a Doutrina Espírita, a reencarnação, em sua maior escala, é solicitada por Espíritos ansiosos de recompor atos, lições de suas vidas passadas. No caso de Judas, ele veio com a missão de trair o Cristo?

Divaldo – Em absoluto; não existe um fatalismo determinista para o mal. Ele teve o seu livre-arbítrio e o utilizou conforme lhe aprouve.

Confidencial – Professor, os terreiros de Umbanda são como pregam alguns espíritas, o A B C do Espiritismo?

Divaldo – Não, de forma nenhuma. O terreiro de Umbanda é, naturalmente, um local de desenvolvimento de faculdades paranormais, desenvolvimento de faculdades mediúnicas, mas não se trata de um local de Espiritismo. Os fenômenos que ali ocorrem são fenômenos do sincretismo afro-brasileiro. Colocamos nessa condição, para demonstrar que a Doutrina Espírita não tem nada contra nenhuma confissão religiosa, ou credo de qualquer natureza, mas tem a sua própria definição, conforme está exarado em *O Livro dos Espíritos,* na Introdução, item número seis.

Confidencial – Chamam doutrina o conjunto de princípios que servem de base para um sistema religioso. Quais são os princípios básicos doutrinários do Espiritismo?

Divaldo – A crença em Deus e na imortalidade da alma; a comunicabilidade dos Espíritos; a reencarnação; a pluralidade dos mundos habitados; a prática do bem ou da caridade sob todos os aspectos, conforme o Evangelho de Jesus.

Confidencial – A Doutrina Espírita se fundamenta na crença da sobrevivência da alma, da comunicação entre os vi-

vos e os mortos, da reencarnação, como acentuou o senhor, mas, como uma crença, não tem fundamento incontestável. Os argumentos apresentados não têm sido controlados pelos métodos científicos; é, então, duvidosa a existência dos Espíritos?

Divaldo – Em absoluto, é tudo controlado desde 1852, quando se fizeram as primeiras experiências, pelo Barão Von de Guldenstubé, que realizou uma modelagem em parafina, utilizando-se de um Espírito materializado. Posteriormente, vários metapsiquistas e, mais tarde, eminentes químicos e físicos, a iniciar-se por William Crookes, a partir de 1872, ofereceram um grande legado em documentação científica. Na atualidade, a moderna Parapsicologia, no capítulo da "Psicologia da alma", vem corroborando aquelas experiências no campo da ciência hodierna.

Confidencial – Todos os nossos erros cometidos no planeta são determinados pelo Pai, pelo Mestre; o senhor acha que aquela chacina da Guiana foi determinação do Mestre?

Divaldo – Não, de forma nenhuma. O conceito espírita é muito diferente. Allan Kardec nos ensinou que Deus criou o Espírito "simples e ignorante". Ignorante, no sentido de não experiente. Nós temos o livre-arbítrio, que nos impele a uma ou a outra atitude. Quando optamos por uma atitude negativa, nós então geramos o que se denomina de carma e retornaremos para reparar. Foi o que aconteceu na Guiana. Nada mais do que a aplicação indevida do livre-arbítrio, engendrando uma calamidade para todas aquelas criaturas humanas.

Confidencial – Existe alguma preocupação, de sua parte, com os que sofrem o crime de injustiça?

Divaldo – Indubitavelmente. Todos nós, espíritas, nos interessamos profundamente pelo homem, e acreditamos que o maior investimento da Divindade é o próprio homem.

Confidencial – O Senhor Gil Gonçalves quer saber sobre a significação dos seres irracionais e vegetais perante a filosofia espírita.

Divaldo – São fases do processo de evolução natural. Para nós, Deus não cria Espíritos perfeitos, já inteligentes. Ele cria o psiquismo que transita pelos reinos mineral, vegetal, animal, hominal e segue até a angelitude.

Confidencial – Há diferença entre Jesus Cristo e Deus?

Divaldo – Para nós, sim. Jesus asseverou, inúmeras vezes, que era o Filho de Deus, que era o enviado de Deus, que era o Embaixador de Deus, e que viera para fazer a vontade de Seu Pai. Uma única vez, Ele disse: Eu e o Pai somos um. Mas, naquele sentido de que a nossa integração no pensamento cósmico é única, da mesma forma que o embaixador é a personagem que o representa.

Confidencial – O Espiritismo altera alguma coisa das palavras de Jesus?

Divaldo – Em absoluto. Dá cumprimento total, em caráter de integridade, porém, interpretando-as, como Ele propôs, em "Espírito e Verdade."

Confidencial – Sua condição de solteiro é condição sine qua non *para a sua missão de pastor?*

Divaldo – Pelo contrário. Até então tem sido apenas um motivo auxiliar. Como ainda não houve oportunidade de encontrar a alma que estou buscando, decidi aguardá-la.

Confidencial – Professor, o controle da natalidade, à luz da reencarnação e do Espiritismo?

Divaldo – É perfeitamente válido. A programação da família deve ser feita em bases éticas. Dentro de uma ética de comportamento moral, que é perfeitamente válido, sob a responsabilidade dos cônjuges ou parceiros.

Confidencial – O que o Espiritismo pode fazer pelos viciados em tóxicos, barbitúricos, maconha, etc.?

Divaldo – Usar, para o enfermo, de uma psicoterapia doutrinária, ao mesmo tempo, mediante tratamento psiquiátrico, numa terapêutica dentro dos padrões acadêmicos.

Confidencial – Qual a diferença entre o médium sensitivo, que os livros de Allan Kardec citam, e os parapsicólogos?

Divaldo – Para a Parapsicologia, o sensitivo é todo aquele indivíduo dotado de uma faculdade paranormal, que pode registrar vibrações também de ordem parafísica: no caso da telepatia, da clarividência, da precognição, retrocognição. Também o são aqueles que podem produzir fenômenos de psicocinesia, isto é, de movimentação de objetos sem o contato humano. Para nós, espíritas, o médium é o indivíduo dotado da mais intensa sensibilidade, que lhe faculta não somente entrar em contato com as forças objetivas e paranormais, mas também com os Espíritos desencarnados.

Confidencial – Professor, de um modo claro e objetivo, em que se baseia o senhor para assegurar que há vidas em outros planetas?

Divaldo – Primeiro, por um cálculo matemático realizado por eminente astrônomo, Sir James Jeans. Diz ele que vivemos em uma galáxia que tem aproximadamente cem bilhões de sistemas planetários, com cerca de dois bilhões que teriam vida nas condições da própria vida terrestre. Mas, se dermos para cada sistema uma média de cinco planetas, como no caso do nosso sistema que tem nove já conhecidos, somaríamos quinhentos bilhões de planetas só em nossa galáxia. Contando com a possibilidade de uma percentagem de apenas um por cento, teríamos uma média de cinco bilhões de astros com vida semelhante à da Terra... Então, o cálculo matemático, mais as chamadas estrelas pulsantes, que hoje são detectadas pelos observatórios de radioastronomia e que a seu turno têm enviado mensagens inteligentes, atestam também que não estamos a sós no universo.

Confidencial – Como é que o Espiritismo é a mensagem explicativa, se contradiz as escrituras, ensinando a consultar os mortos?

Divaldo – Pelo contrário, nós pedimos que não se consultem os mortos. A colocação não está bem feita, porque se nós lermos o evangelista João – 14:16, está dito por Jesus: – Mandar-vos-ei o Consolador, o Consolador vos repetirá tudo que eu disse, dir-vos-á coisas novas e ficará eternamente convosco. O Espiritismo é o Consolador prometido por Jesus.

Confidencial – Professor, o senhor é contra ou a favor do divórcio?

Divaldo – A favor, quando os motivos são justos.

Confidencial – Por quê?

Divaldo – Porque o divórcio vem regularizar uma coisa que está moral e legalmente irregular. Desde que dois indivíduos não conseguem mais conviver sob o mesmo teto, no sentido positivo; que lutam tenazmente um contra o outro e que podem marchar para um suicídio ou homicídio; ou quando um dos nubentes já criou uma família paralela, é muito mais nobre legalizar um problema existente que deixar outras pessoas irremediavelmente sofrendo. No entanto, porque somos a favor do divórcio, também consideramos que o divórcio deve ser a última medida a ser tomada. O divórcio é a terapêutica para uma enfermidade existente.

Confidencial – Pediram que o senhor contasse aqui a história da matemática e do menino.

Divaldo – Nós, ontem, para justificar o fenômeno em que a reencarnação transcende ao problema da telepatia e da hiperestesia do inconsciente, citamos, entre outros raros casos de gênios precoces, a história do menino inglês Zerah Colburn. Era um menino de oito anos, em 1908, quando foi examinado por insignes professores de matemática da Universidade de Londres. Porque aquele menino de oito anos, analfabeto de pai e mãe – já que era proibido aos camponeses ingleses, até o começo do século XX, alfabetizarem-se – era, no entanto, um excelente matemático. Ele respondia a qualquer pergunta sobre cálculo, sem fazer a operação. Naquela oportunidade, depois de duas horas em um pingue-pongue semelhante a este, em torno da matemática, um velho professor de aritmética perguntou se ele poderia explicar o que era potenciação. Ele disse que não sabia a teoria, mas que sabia calcular. Quando o professor lhe perguntou, se desse um número com um algarismo significativo e outro colocado à direita, ao alto, como expoente, o que vale dizer que aquele número seria multiplicado tantas vezes quantas fossem o seu expoente, se ele responderia? Por exemplo: se ele seria capaz de dar a potência de um número ao acaso, colocado ali, naquele momento. Ele disse que poderia tentar. E o professor lhe perguntou qual era a 16ª potência do número 8. O menino olhou o professor e respondeu, quatro segundos depois: a décima sexta potência do número 8 é igual a 281.474.976.710.656 unidades. Os professores começaram a multiplicar e, transcorridos doze a quinze minutos, haviam concluído que o resultado era igual a 281.474.976.710.656 unidades. Estava certo!

Confidencial – Hoje, algumas correntes do Catolicismo não veem como purificar a alma dos homens, sem lhes dar uma digna condição de vida corpórea. O Espiritismo defende ou não essas correntes?

Divaldo – É necessário que propiciemos a mínima condição para dar ao homem dignidade, e é nesse sentido que todos somos convergentes na prática da caridade, no humanitarismo, no altruísmo.

Confidencial – O Espiritismo é a verdadeira religião?

Divaldo – Não podemos dizer que seja a verdadeira religião, porque seria pecar por presunção. Do nosso ponto de vista, é aquela que pode demonstrar os seus argumentos através da pesquisa experimental, tornando-se, assim, a religião verdadeira.

Confidencial – Divaldo, você poderia transmitir uma pequena mensagem em Esperanto para os esperantistas da Paraíba?

Divaldo – Embora não seja cultor do idioma Esperanto, posso dizer que essa língua universal, que se candidata a ser o elo de fraternidade entre as criaturas, criada por Lázaro Ludwig Zamenhof, que nasceu na cidade de Bialistok, na Polônia, e que desenvolveu um grande programa de solidariedade humana, será, indubitavelmente, o maior elo de fraternidade entre as criaturas porque derrubará as barreiras linguísticas e aproximará muito mais os homens para um entendimento entre todos.

Confidencial – Professor, é comum, principalmente aqui no Nordeste, o menino adoecer e a mãe diz: "Ah! está com mau-olhado, foi olhado, foi olhado". Então vem a rezadeira e reza o menino. Até que ponto isso é válido?

Divaldo – É perfeitamente válido, embora a realidade tenha uma conotação científica, que no popularismo encontra raízes de natureza lógica. O homem é um dínamo energético e quando ele descarrega esta soma de energias, pode não somente diminuir as potencialidades orgânicas do vegetal, do animal, como do homem, como também pode recarregar esses ânimos...

Confidencial – O senhor acredita no mau-olhado?

Divaldo – Inegavelmente. E a câmera Kirlian conseguiu detectá-lo. Nós possuímos uma série de filmes que foram realizados na Universidade da Califórnia, pela Dra. Thelma Moss. Ela pegou plantas, animais e homens, que foram colocados diante da impressão magnética do olhar de pessoas dotadas de uma alta potencialidade psíquica, e aquelas plantas, aqueles animais, aquelas pessoas enfermaram... Foi feita a comprovação pelo processo Kirlian, que detectou uma baixa potencialidade na exteriorização daqueles seres. Depois foi aplicada uma carga magnética positiva, e eles recobraram o equilíbrio, potencializando-se novamente. Embora não aceitemos isso como mau-olhado, mas como a direção de uma carga psíquica malconduzida, o fato ocorre.

Confidencial – Mas, professor, geralmente só se aplica na criança. E a criança, às vezes, não raciocina.

Divaldo – A criança não raciocina, mas é um excelente receptor. E exatamente porque não raciocina, registra muito mais fácil, porque não sabe defender-se.

Confidencial – O senhor não pode falar em pensamento positivo para uma criança...

Divaldo – Mas, quando nós vamos orar, nós carregamos a criança, o animal ou o vegetal, com a energia que exteriorizamos, quer a pessoa aceite, quer não. Quando o sensitivo, portador de alta potencialidade energética, sintoniza com outro, transmite-lhe energia, da mesma forma que são facilmente hipnotizáveis aquelas pessoas que não acreditam ou sofrem de distúrbios nervosos...

Confidencial – Professor, existe milagre? E, em existindo, o que é milagre?

Divaldo – Milagre, para nós, é tudo que jaz ignorado das leis naturais. Chamamos miraculoso aquilo que foge ao nosso entendimento. Não aceitamos o milagre no sentido de violação das leis naturais, como também não aceitamos o sobrenatural. Para nós, tudo é natural. Mesmo que as suas leis sejam desconhecidas. Por exemplo, a televisão, se fosse colocada oitenta anos atrás, seria um milagre. E continua sendo um "milagre" da eletrônica.

Confidencial – Como é que o senhor conceitua Frei Damião?

Divaldo – Como um verdadeiro condutor de massas, um homem portador de um insigne carisma e que se vem utilizando desse carisma para conduzir a criatura humana, sedenta de informação, e também necessitada de um líder com o seu carisma.

Confidencial – O senhor poderia apontar, no seu modo de entender, a maior expressão da Igreja Católica neste século, vivo ou morto?

Divaldo – João XXIII.

Confidencial – Se a pessoa tiver o dom da mediunidade e não se desenvolver, haverá possibilidade dessa pessoa enlouquecer?

Divaldo – Não digo enlouquecer, mas pelo menos perturbar-se. Todo paranormal é um indivíduo dotado de uma peculiaridade de natureza transcendente. Se ele não

A Veneranda Joanna de Ângelis

dá campo para que se lhe desenvolvam essas peculiaridades, é óbvio que ele se perturba dentro delas. Se ele tem clarividência, se ele tem intuição, se ele tem precognição e não procura saber por que, de que se trata, é claro que a sua mente fica atordoada com a sua vida objetiva anormal. É válido que ele desenvolva essas aptidões, da mesma forma que o indivíduo, dotado de inteligência e de memória, deve cultivar essas faculdades de natureza psíquica.

Confidencial – O senhor acha que deve ser permitida a Umbanda?

Divaldo – Deve ser permitida, uma vez que vivemos num país de liberdade, porque não se pode coibir o homem de amar a Deus da forma que lhe aprouver. Digamos que até este momento ela tem funcionado como terapia, uma catarse psiquiátrica para pessoas portadoras

(Foto por Jorge Moehlecke)

de muitas distonias, que encontram, nessa forma mediúnica, uma maneira de exteriorizar aqueles estados anímicos, psíquicos e aqueles estados mediúnicos.

Confidencial – A que ponto a carne provoca o sistema nervoso do homem?

Divaldo – Como fazemos a alimentação natural, não aceitamos a teoria de que a carne seja perniciosa, pelo menos do ponto de vista moral. Mesmo considerando o ponto de vista fisiopsicológico, nós provimos de um atavismo animal, alimentamo-nos de carne há mais de cem mil anos, desde que começamos no *Pithecanthropus erectus*.

Confidencial – Professor, como deve ser o amor?

Divaldo – O amor deve ser em plenitude, em totalidade e em profundidade.

Confidencial – Livre?

Divaldo – Sempre foi livre; o abuso é que fez com que as leis o coibissem, no sentido do amor sexual. Nós não vemos no sexo uma manifestação de amor, mas uma manifestação de instinto. O amor é vida.

Confidencial – Todos nós temos condições de ser médiuns?

Divaldo – Inegavelmente. Allan Kardec assevera que a mediunidade é uma peculiaridade da natureza orgânica do homem. Todos somos médiuns, embora em estado embrionário.

Confidencial – Professor, quem é Divaldo Pereira Franco?

Divaldo – É alguém que tenta acertar o passo com o bem, na diretriz da Doutrina Espírita, no Evangelho restaurado de Jesus.

Confidencial – Professor, uma honra a sua presença. Vou dar alguns minutos para que o senhor fique sozinho fazendo a sua exortação, fazendo a sua prece, fazendo a sua saudação ao povo da Paraíba.

Divaldo – Primeiramente, desejamos agradecer à Rádio Borborema a subida honra que nos conferiu, trazendo-nos à câmara de televisão para que pudéssemos falar com o nobre público paraibano. Depois, agradecer a alegria de ser entrevistado por um homem como o nosso caro Dr. Francisco. Já estivemos em mais de oitenta canais de televisão, no Brasil e no exterior. Dificilmente se encontra um homem de televisão que possa falar com tanta dignidade e com tanta independência cultural, sendo fiel às perguntas que lhe chegam. Dr. Francisco, muito obrigado! A nossa mensagem para os nossos telespectadores é uma mensagem de otimismo. É certo que há muita dor na Terra. Mas, há muito amor. É verdade que a guerra galvaniza o homem, e a Organização Internacional das Nações Unidas assevera que existem, neste momento, sessenta e oito pontos beligerantes no orbe terrestre. É muito mais fácil catalogar o desastre que fazer uma estatística do bem. Indubitavelmente, todos nós estamos convocados a criar uma Humanidade melhor. Não se omita, dê a sua contribuição pelo mundo melhor; não se apoie na miséria, apoie-se na bondade; levante o ânimo da criatura humana, enseje uma cota de amor, dê um sorriso a uma criança abandonada, estenda a mão generosa ao menino carente. Realize-se. "O amor cobre a multidão de pecados", disse Pedro, discípulo de Jesus – 1, 4:8. Mas, se você amar, o amor lhe fará muito maior bem. A Doutrina Espírita se baseia na crença em Deus, dissemos, mas acima de tudo, na vivência do amor, através do postulado da caridade. Agradecemos a você, amigo telespectador, a esta emissora de televisão, a oportunidade que nos confiaram e lhes desejamos muita paz. Que Deus, a todos, nos abençoe!

19
JORNAL O LIBERAL
DE BELÉM (PA)

Divaldo Franco, que os espíritas projetam como a maior expressão de sua Doutrina no país, esteve em Belém, para o 8º aniversário da União Espírita Paraense e deu uma longa entrevista a O LIBERAL, para fixar, excluídos os aspectos doutrinários já bem conhecidos, a posição dos espíritas diante da realidade brasileira.

Nessa entrevista, Divaldo estava acompanhado do Dr. Jonas da Costa Barbosa, presidente da União Espírita Paraense, e do Sr. Nestor Masotti, vice-presidente da União das Sociedades Espíritas do Estado de São Paulo. As perguntas foram feitas por Odacyl Cattete, Linomar Bahia, João Vital e Euclides Almeida.

Para Divaldo, a Humanidade está atingindo um dos momentos mais culminantes de sua história. Apesar da violência, da ameaça de guerra, da exploração do sexo, entende Divaldo, repetindo um provérbio árabe, que *ninguém detém a madrugada.*

Cattete: Com a sua clarividência, muito verificada nas suas pregações, o senhor não poderia começar a entrevista fazendo um enfoque futurológico no campo da política nacional?

Divaldo: Os Espíritos são unânimes em informar-nos que, nesta grande transição, o Brasil vem desempenhar, num futuro próximo, a missão histórica que lhe está predestinada. Do ponto de vista espiritual, o Brasil é um país sem os grandes carmas coletivos que assinalam o continente europeu e, em grande parte, o continente americano do norte. Graças a isso, não obstante as lutas que se vêm travando em toda parte e que, no Brasil, atingem hoje o clímax com as liberdades democráticas, a tarefa de um futuro melhor está assinalada – não somente no campo político ou no campo socioeconômico, nas aspirações humanitárias – em razão da superação da grande crise que todos vivemos em passado muito próximo, e como decorrência das inevitáveis conotações históricas de um povo que se caracteriza pelo amor e pela capacidade de absorver o infortúnio e superá-lo.

Cattete: Saindo um pouco do campo filosófico, qual a colocação que o senhor faria quanto ao futuro do Brasil em termos políticos?

Divaldo: Que este grande passo das liberdades democráticas, abrindo-nos horizontes otimistas, vai nos ensejar uma realização mais profunda, em que o homem, agora no país liberado para a escolha de seus verdadeiros líderes, terá oportunidade melhor de examinar as qualidades que tipificam os nossos candidatos e eleger conscientemente os seus futuros condutores, sem as amarras compulsórias da herança ancestral e sem as injunções que sempre caracterizaram a politicagem no Brasil, que neste momento dá um grande salto para a verdadeira realidade política: a da conscientização das massas.

Cattete: O senhor antevê, então, uma melhoria de quadros políticos para a Constituinte?

Divaldo: Sem dúvida. A própria Constituinte é o nosso grande momento, em que, consultado, o povo tem a liberdade de opinar e de oferecer sugestões valiosas para que seja elaborada a nova Carta Magna da República, na qual a participação individual e de grupos se faça de maneira imperiosa e marcante, estabelecendo novas metas para os direitos humanos e as liberdades da própria criatura.

Cattete: O Espiritismo teria alguma reivindicação a apresentar na Constituinte?

Divaldo: O Espiritismo, no chamado movimento, que é a aglutinação dos indivíduos que constituem a nossa causa, é ainda uma minoria pouco considerada na comunidade brasileira, porém, muito atuante. E entre as várias reivindicações que nós espíritas temos em pauta, destacamos o direito à vida, exatamente esse direito à vida que tem sido menoscabado pela cultura hodierna e pela ética alucinada dos nossos dias; o direito à vida através da preservação da gestante, lutando contra o aborto, abrindo horizontes novos para que a eutanásia não encontre cidadania, para que a pena de morte permaneça dentro do seu quadro, não apenas de atitude imoral, mas também de atitude ilegal; a libertação das classes minoritárias, através de empregos mais condignos e salários mais nobres; a valorização do homem do ponto de vista do direito à saúde, ao trabalho; o direito da criança à sua verdadeira situação no panorama nacional, diminuindo a incidência da mortalidade infantil; afinal, reivindicações essas que estão na panorâmica de todas as classes e de todos os indivíduos.

Cattete: Quando o senhor descobriu a sua vocação para o Espiritismo?

Divaldo: Em 1948, aos vinte e um anos. Era católico praticante, vinculado à Igreja e com uma acentuada vocação sacerdotal, era coroinha, colaborava nas atividades religiosas...

Cattete: Foi seminarista?

Divaldo: Não, seminarista não cheguei a ser. E nessa oportunidade, ao descobrir os valores do Espiritismo, conforme Allan Kardec estabeleceu no que nós chamamos Codificação – que é um conjunto de cinco obras básicas: *O Livro dos Espíritos, O Livro dos Médiuns, O Evangelho segundo o Espiritismo, O Céu e o Inferno e A Gênese* –, eu me senti de tal forma felicitado que achei que deveria levar esse contributo a outras pessoas problematizadas. Era como alguém que descobrisse o Sol, estando numa furna, naquele velho conceito do mito da caverna de Platão. Então desejei levar a outrem que tivesse problemas e dificuldades essa contribuição, e passei a divulgar a Doutrina Espírita – a princípio em Salvador, onde nós militávamos em uma pequena agremiação e, a partir do ano de 1950, por outros estados atendendo a convites. De lá para cá, não digo que se transformou num apostolado ou numa missão, senão numa tarefa de repartir os ensinamentos do Espiritismo – que são, afinal de contas, uma revivescência dos ensinamentos cristãos – com a criatura moderna tão anatematizada e sofrida dos nossos dias, que apesar de ter uma formação religiosa respeitável nas várias áreas das diversas expressões de fé, apresenta dúvidas e conflitos existenciais, comportamentais e emocionais que o Espiritismo pretende equacionar.

Cattete: O senhor abandonou o Catolicismo ou convive com ele até hoje?

Divaldo: Os nossos vínculos de cristãos são tão acentuados, que eu poderia dizer que cresci do Catolicismo ao Espiritismo. Porque no Catolicismo eu tinha a postura da ética moral de Jesus, a crença em Deus, na imortalidade da alma. O Espiritismo adicionou-me a prova da imortalidade da alma, através da comunicação dos Espíritos e a prova da Justiça de Deus, mediante a reencarnação. Allan Kardec foi muito feliz em uma das muitas colocações que fez: o Espiritismo é um contributo para todas as religiões porque vem afirmar, através de fatos, aquilo que elas demonstram por meio da Teologia. Todas elas pregam a imortalidade da alma. O Espiritismo, através da mediunidade, comprova a imortalidade da alma. Todas elas dizem que Deus é bom e justo. O Espiritismo, baseando-se na reencarnação e nas experiências reencarnacionistas, demonstra essa Justiça Divina, explicando o porquê, quem é o homem, por que sofre, onde está a razão de tantos conflitos, as diferenças sociais, socioeconômicas, psicológicas, emocionais, orgânicas, a problemática do relacionamento humano. Através da reencarnação, o Espiritismo dá uma chave que equaciona esses conflitos dos tempos. Então, eu diria que do Catolicismo, que foi a minha base, eu cresci em direção a uma dinâmica mais cósmica, que é a Doutrina Espírita.

Euclides: A comunidade espírita já teria nomes de políticos confiáveis para levar aquelas reivindicações, às quais o senhor se referiu, ao fórum da Assembleia Nacional Constituinte?

Divaldo: A comunidade espírita difere de outros tipos de comunidade porque o Espiritismo é uma Doutrina que tem um aspecto tríplice: de ciência, porque investiga os fatos; de filosofia, porque explica a razão da vida; e de religião, porque trabalha no comportamento do homem, religando-o a Deus. O Espiritismo é uma Doutrina de consciência individual. Então, como entidade, o Espiritismo, através da comunidade dos espíritas, ao que chamaríamos o Movimento Espírita, não indica indivíduos, deixa à consciência de cada um a liberdade de escolher aqueles que melhor lhe falem à sentimentalidade e à inteligência. Então o espírita é livre para escolher e opinar, sem que a comunidade pense por ele ou aja por ele.

Euclides: O senhor acha, então, que, na Constituinte, haverá muitos políticos sensíveis à causa espírita?

Divaldo: Digamos que haverá também muitos espíritas que, com o direito de cidadão, se candidatarão aos cargos que a Assembleia Constituinte vai permitir, levando os nossos ideais, as nossas aspirações. E outros homens não vinculados ao Espiritismo, pelo seu dever de respeito aos direitos gerais, deverão ser, também, porta-estandartes dos nossos ideais, como de outras áreas e segmentos da sociedade.

Euclides: Nem mesmo os candidatos espíritas terão apoio da comunidade?

Divaldo: O fato de eles serem espíritas não fará com que representem o ideal dos espiritistas. Eles podem ser indivíduos de muita nobreza e de caráter diamantino, mas todo espírita é livre para escolher seu candidato. Eles poderão, talvez, empunhar a bandeira sem que com isso sejam eleitos especificamente pelos espíritas: serão candidatos do povo, para servir ao povo, e não dos espíritas, para servir aos espíritas.

Vital: Isso demonstra certa preocupação do Movimento Espírita com as questões políticas. Pelo que se sabe, o Espiritismo sempre valorizou as questões morais. A Igreja, por outro lado, tem-se definido cada vez mais claramente por uma política voltada para causas sociais, com a opção preferencial pelos pobres. Como o senhor analisa o Movimento Espírita, quanto a uma Doutrina que venha a se preocupar com esse aspecto mais social e político?

Divaldo: É que nós, os espíritas, e não a Doutrina Espírita, compreendemos que uma das maneiras de promover o homem é propiciar-lhe meios para que tenha uma vida mais digna e possa atuar com maior elevação. Os efeitos morais de qualquer empreendimento dependem muito das realidades sociais e econômicas, nas quais se encontram colocados os indivíduos. Sem que o indivíduo disponha de um trabalho digno, de liberdade de movimento, sem que os seus filhos possam desfrutar de determinada segurança, essa segurança relativa – escola, saúde, alimentação – muito dificilmente poderemos trabalhar as bases morais. Considerando ser o Espiritismo uma Doutrina essencialmente cristã, recordaremos o conceito de Jesus a respeito de *o meu Reino não é deste mundo*, o que nos leva a não envolver o Espiritismo com a problemática sociopolítica da atualidade. Mas se o Reino de Cristo não é deste mundo, ele começa neste mundo porque o futuro é a consequência inevitável do presente.

O futuro espiritual será o resultado da nossa conduta e comportamento de cidadãos. Então, gerar fatores que nos propiciem uma vida digna é dever nosso, de consciência, de dignidade. E o Espiritismo, conforme o estabelecido na Doutrina, trabalha para que nós sejamos militantes das causas nobres. A nossa aceitação da problemática não é estática nem diferente. É uma aceitação dinâmica. Nós aceitamos a resignação não como conformismo, mas como estímulo para desenvolver os nossos valores intrínsecos e lutar pelas conquistas ético-morais que a sociedade nos oferece. Daí, os espíritas hoje, conscientes das nossas responsabilidades humanas, embora não nos envolvamos diretamente como doutrina nos movimentos políticos, temos o dever, como cidadãos que somos, de trabalhar em favor de uma Humanidade melhor, e a política é um desses instrumentos que poderemos usar em favor de uma sociedade mais justa.

Bahia: Divaldo, na prática de caridade do espírita há uma atividade que tem sido muito polêmica, que é uma atividade mais ligada à ciência: a prática dos atos cirúrgicos. Qual a sua visão sobre esse tipo de trabalho?

Divaldo: A tarefa do Espiritismo é essencialmente de transformação moral do homem. Quando nós vemos a mediunidade interferir nos campos da saúde, consideramos isso como acréscimo de misericórdia de Deus, dando prosseguimento ao próprio postulado comportamental do Cristo, que muitas vezes interferiu nos problemas orgânicos e psíquicos da criatura humana, objetivando ajudar, jamais competir.

É ética da Doutrina Espírita que a problemática de saúde pertence à Medicina. O nosso contributo é auxiliar. Hoje, nós vemos que psiquiatras, psicólogos e psicanalistas, diante dos enigmas da saúde mental, recorrem à mediunidade para buscar as respostas a esses enigmas, e na reencarnação encontram os fatores que desencadeiam a enfermidade. No campo cirúrgico, acreditamos que a tarefa principal das ocorrências modernas não seja exatamente a de curar corpos, porque os corpos voltam a enfermar, senão de demonstrar a interferência paranormal da mediunidade como fator que convida o homem investigador a exame de uma área ainda não necessariamente estudada. Mas não é objetivo do Espiritismo. O objetivo essencial do Espiritismo é a transformação moral do homem e a mudança dos fatores psíquicos, econômicos e sociais em prol de uma Humanidade melhor.

Bahia: Mas dentro do seu conhecimento, da sua experiência, o senhor acha que esse procedimento é válido?

Divaldo: Sim, há validade, sob dois pontos de vista: o primeiro, porque chama atenção pelo impacto que produz. Na área, por exemplo, das cirurgias psíquicas, paranormais ou mediúnicas, você tem que considerar três fatores decorrentes: primeiro, a ausência de anestesia; segundo, a ausência de assepsia; terceiro, a hemóstase, porque a parada súbita da hemorragia é, indubitavelmente, uma violência aos cânones tradicionais do que se conhece na área das manifestações hemorrágicas. A ausência de assepsia é também, praticamente, uma violência. Em alguns médiuns, como José Arigó, que conheci, e o doutor Edson Cavalcante de Queiroz, que conheço na sua experiência – nós vimos o fator imunológico ali estabelecido. Inclusive, ele passa terra no campo cirúrgico recém-aberto e não há contaminação. E depois, a ausência de dor. Porque fazer a extração de um nódulo mamário ou fazer a ablação de uma catarata – em vinte segundos a catarata, em quatro minutos o nódulo de uma mama – sem nenhuma indução hipnológica, sem nenhuma sugestão, não deixa de ser uma violência ao que se conhece no campo da anestesia.

Então, este é o primeiro impacto: produzir surpresa e chamar atenção para isso, a fim de que se estudem as realidades paranormais que constituem a criatura humana. E o segundo: chamando a atenção para esse campo, examinar em profundidade quem ou que é o Espírito, se ele sobrevive ou não à morte, se essa experiência pode ser explicada pela moderna parapsicologia ou se ela pode ser aprofundada através dos ensinamentos espíritas. Acreditamos que os Espíritos têm em meta, hoje, chamar a atenção, como no passado, as materializações ou ectoplasmias eram instrumentos utilizados para despertar o interesse dos cientistas. E, por fim, o que chamaríamos um terceiro resultado, para uma ação de caridade, diminuindo a dor, diminuindo as aflições daqueles que não têm possibilidades dos recursos médicos ou dos que são, invariavelmente, chamados desenganados da Medicina. Porque a grande verdade é que recorrem aos médiuns os que estão muito cansados dos consultórios médicos, os desiludidos, os desesperados. E graças a isso, o Espiritismo é chamado o Consolador, para atender aqueles que estão na agonia, em nome de Jesus, que veio à Terra para os infelizes e prometeu mandar alguém para continuar o Seu ministério, conforme se lê em João 14, versículo 16.

Euclides: O seu currículo apresenta uma vastíssima obra toda psicografada. Como é esse processo de criação? É demorado?

Divaldo: É inesperado. Nós, espíritas, como qualquer religioso, temos uma programática de fé. Participamos de reuniões... Eu, por exemplo, participo de cinco reuniões semanais. Três em que eu profiro palestras, estudos doutrinários, e duas em que atuo na mediunidade, em que exerço a função mediúnica. Essa reunião, digamos, tem uma dupla finalidade. É uma sessão de diálogo com os Espíritos, que nós chamamos um encontro de consolação ou de educação mediúnica, e ao mesmo tempo de contato com os chamados desencarnados. Nessas reuniões, eu me coloco passivamente para escrever. Sempre há muitos lápis apontados, esferográfica, papel... Então eu entro em transe, me concentro em Deus, em Jesus ou fico reflexionando e começo a escrever por automatismo.

Normalmente, quando se trata de uma obra vasta, os Espíritos estabelecem um período, dizendo que gostariam

A Veneranda Joanna de Ângelis

do período de "x" a "y", reservando determinado número de horas porque o autor virá escrever o livro. Diariamente eu me dedico das seis às dez da manhã a esse mister. Tenho uma pequena sala, com material, concentro-me, e o Espírito escreve automaticamente. Os romances que psicografei, sempre os fiz na média de quinze a vinte dias, romances que impressos dão quatrocentas páginas. Após escrevê-los manualmente, são datilografados, depois o Espírito vem e faz a correção, que também acontece de uma forma muito curiosa. Eu coloco todo o material sobre a mesa, entro em transe, fecho os olhos e então ele (o Espírito) abre as folhas e vai emendando onde melhor lhe apraz. Daí, por pudor, nós dizemos que o livro não é nosso. Colocamos o nome do autor e o nome do médium para assumirmos o resultado civil e jurídico das consequências que advenham com a publicação do livro.

Euclides: Completando a pergunta anterior: não seria possível abandonar essa passividade e chegar a sugerir a temática do livro?

Divaldo: Eu vou dar um exemplo de como é curioso. Confesso que demorei muitos anos para entrar na chamada faixa do romance. Um trabalho de romance, mesmo aqui na Terra, é de difícil elaboração, e a pessoa tem que ficar psiquicamente envolvida com as personagens. E um romance, que tem trinta ou mais personagens psicologicamente trabalhadas, exigiria do autor uma vida totalmente dedicada. Quando psicografei o primeiro romance, que foi no ano de 1970, estava em casa de uns amigos, no Rio de Janeiro, e escrevi dois capítulos bem longos de um livro que se chamaria mais tarde *Párias em Redenção*. Eu sou de temperamento extrovertido, embora muito calmo – extrovertido como todo nordestino. Quando terminei, li e achei aquilo um encanto, porque, confesso, jamais me haviam passado pela cabeça aqueles fatos. Então, há uma personagem que me pareceu muito grotesca e violenta.

O livro começa com um féretro, e um herdeiro se levanta para matar os co-herdeiros e ficar com a herança total. E no segundo capítulo ele põe em prática esse plano. Quando li, pelo meu temperamento, comecei a imaginar: "mas esse cara vai ter uma morte muito cruel porque ele é mau". E comecei a imaginar como a Lei Divina ia cobrar essa infração. Foi quando o Espírito me disse: "O senhor não serve para trabalhar comigo porque o senhor está interferindo na história do meu romance. Esta personagem morreu em 1742. O senhor não pode ficar imaginando como é que ele vai morrer, vai me atrapalhar". E para minha surpresa, o Espírito passou a escrever fora da ordem: capítulos 28, 32, 6, 15... Quando terminava, e lia, não fazia sentido. Só no vigésimo dia é que ele (o Espírito) numerou e pude ler como qualquer leitor. Aí é que me dei conta de que não podia colaborar, elaborar nem mentalizar, para não atrapalhar. É como se eu fosse um ditafone que pensasse. Atrapalharia o recado que estava gravando. Daí, tive que tomar uma atitude cada vez mais passiva.

Bahia: Há um crescimento na comunidade espírita a olhos vistos. Qual é a evolução da comunidade em termos quantitativos e a que atribui essa evolução, à descrença de outras religiões ou a outro processo?

Divaldo: O homem moderno é muito cartesiano, muito pragmatista. Ele deixou de crer naquilo que lhe falavam, para crer naquilo que ele experimenta. O Espiritismo, sendo uma ciência, oferece um contributo vivencial para que o indivíduo creia pelos fatos e não pelas informações filosóficas. Neste momento de tanta investigação tecnológica, o homem também se encontra muito decepcionado. Vivíamos um período, e ainda vivemos, em que a criatura humana já não crê muito na outra. Marcado por vários fatores de natureza geral, é um céptico por formação cultural e um céptico por experiências humanas. Graças a isso, quando o Espiritismo lhe diz: nós temos uma doutrina que aborda a imortalidade da alma. Ele diz: eu não creio até que me provem o contrário. Recorre ao Espiritismo e, através de um contato com a mediunidade, ele passa a ter uma demonstração de que a morte não mata a vida. Por outro lado, muitas interrogações que inquietavam o homem encontram no Espiritismo uma resposta lógica, na sua filosofia.

Quem, de nós, não inquiriu: por que eu sou infeliz e o meu irmão é tão ditoso? Por que tudo o que eu faço dá errado? Por que ele, um mau-caráter, tudo o que faz dá certo? Por que há pessoas que já nascem como que assinaladas por uma predestinação fatal? E outras, que nascem em berço de ouro e tudo o que tocam, à semelhança de Midas, se transforma em ouro?... O Espiritismo vem demonstrar, pela reencarnação, que o indivíduo é um somatório de suas próprias experiências. Ele não é um ser abjeto que a Divindade colocou na Terra para oprimir, e que nasceu para sofrer, que a Terra é um vale de lágrimas, que é um inferno... A Terra é uma escola, é um jardim, e nós colheremos conforme plantarmos. Eu não sou herdeiro dos meus ancestrais do ponto de vista moral ou do ponto de vista espiritual. Eu sou herdeiro de mim mesmo. Meus atos constroem o meu destino. Se eu ajo mal, serei vítima desse mal que eu pratico. Se eu ajo bem, eu receberei o resultado dessas minhas realizações.

Então o Espiritismo explica muito bem esse enigma que está muito bem elaborado na tragédia de Sófocles, em *Édipo,* decifrando a esfinge, essa esfinge do pensamento, essa interrogação dos fenômenos sociológicos, emocionais, que encontram, na reencarnação, a sua lógica. Mas a reencarnação, pela sua filosofia, necessitava de um suporte científico. A regressão de memória veio provar que há vida antes da vida. As lembranças naturais, pessoas que se recordam de que viveram antes, como é o caso de Carl G. Jung, de Schopenhauer, Victor Hugo e outros, servem de subsídios científicos. As sessões mediúnicas, mostrando na área da saúde mental que essa pessoa está sofrendo de esquizofrenia, mas na realidade é uma obsessão movimentada por um adversário de vida passada, são evidências científicas da reencarnação. Isso muda o comportamento do indivíduo porque lhe dá uma ética. Ele passa a viver de uma maneira que a felicidade lhe seja possível como decorrência dos seus atos. Isso atrai as pessoas que, antes, de certo modo, adotavam uma fé cega, que lhes era imposta. Sem crítica de nossa parte, a quem assim se comportava – mas é uma análise, digamos assim, filosófica, do comportamento religioso – o Espiritismo hoje nos vem dizer que devemos aceitar aquilo que pudermos digerir emocionalmente.

Eu poderei ser espírita e não acreditar na mediunidade de várias pessoas. Eu sou espírita e o fato de alguém me dizer: olhe, foi feita uma revelação de tal natureza... Eu posso simplesmente recusar. Porque Allan Kardec foi tão racional que nos propôs deixar de acreditar em nove entre dez verdades a aceitar uma mentira, incorporando-a ao nosso dia a dia. Então, isso, para a mentalidade moderna, é fator preponderante para uma análise profunda, porque propicia ao homem sua liberdade de movimento. Ele é espírita, mas é um ser que pensa e que tem direito de discordar, descartando ou aceitando aquilo que melhor lhe atende às necessidades.

Bahia: O mundo está passando por uma transformação muito grande, principalmente nos últimos tempos. O Brasil é uma parte dessa transformação. Mas há uma nova postura da sociedade, uma alternância muito grande no poder, em todas as áreas. O próprio povo, assumindo uma posição mais agressiva, saindo de uma passividade em que se encontrava há muitos anos. Como o Espiritismo vê todo esse processo?

Divaldo: De forma positiva. O indivíduo passivo, na área do comportamento humano, pode ser alguém que deixou de viver. Ele está dentro de um comportamento biológico, mas não atingiu ainda a idade da razão. Na idade da razão o indivíduo é naturalmente agressivo, no bom sentido da palavra, é um inconformado. Porque essa agressividade e essa inconformação propõem novas áreas de progresso para o mundo e estimulam novos campos de realização. Se nós olharmos Jesus, que muitos consideram como um homem muito generoso, muito gentil, muito passivo, veremos que esta é uma imagem que não corresponde à realidade. Ele preferiu morrer a ceder.

Ele se levantou para protestar contra o *status quo* da sua época. Ele, pregando uma doutrina de humildade, viveu essa humildade. Não como uma passividade no comportamento de negar as coisas valiosas do mundo, porque Ele conviveu com meretrizes e pescadores, mas não cedeu à convivência do Sinédrio, de um doutor da lei, que O foi interrogar, no caso, Nicodemos; Ele aceitou hospedagem na casa de Zaqueu, que era cobrador de impostos; Ele estava na casa daqueles que

O buscavam, promovendo a renovação social, e dizendo que aquela situação era uma postura que denegria o comportamento do homem. Então chegou a dizer, dentro dessa dinâmica: Vós sois deuses, podeis fazer tudo o que faço se tiverdes fé. Vamos dizer que se tiverdes fé é não vos conformardes com a situação de indolência. Ter fé no futuro é conquistar esse futuro. Ter a fé é desenvolver sentimentos inatos para lograr novas metas, porque o progresso é infinito. Então, hoje, o povo está saindo do letargo da aceitação passiva, daqueles condicionamentos ainda medievais, que haviam dito que o povo é "bucha de canhão", que o proletariado foi posto na Terra para servir às classes privilegiadas, o que é um mito que a própria cultura destruiu e o Cristianismo procurou mudar. Porque a função do Cristianismo foi, ao tempo de Jesus, levantar o proletariado. Nós vemos, em Roma, a doutrina dos escravos libertando o homem das injunções políticas arbitrárias, demonstrando que a pior escravidão é a da ignorância.

O indivíduo é escravo de outro porque ele é ignorante de seus direitos. Ele se submete porque desconhece a sua realidade. Então Jesus disse: "Buscai a verdade e a verdade vos libertará". A verdade é o conhecimento. Na medida em que o homem sabe, ele se promove; quanto mais ele se promove, mais ele cresce. E é esta sede que hoje se manifesta como uma agressividade de certo modo negativa, por enquanto. Numa inconformação negativa, por esse momento, mas que vai promover a sociedade.

Eu me lembro de um pensamento de Anatole France em que ele afirma que, quando se começa uma obra de demolição, se faz uma destruição a mais, porque é uma reação psicológica destruir toda herança e vestígio para poder construir uma mentalidade nova. Então, hoje, estamos no período da destruição dos mitos, dos tabus, da aceitação passiva, para uma construção que um dia virá a ser ideal, a construção do homem novo, que o Espiritismo preconiza no pensamento de Jesus: morrer o homem velho, condicionado, negativo, passivo e desinteressado e nascer o homem dinâmico, preocupado com o seu irmão, cuja felicidade não é sua, essa felicidade "bumerangue": primeiro ter de fazer a felicidade em volta, para ser feliz depois.

Euclides: O Brasil vive hoje uma guerra não declarada pelo uso e pela posse da terra, e ainda há a questão da escassez de alimentos. Como solução, o governo pretende implantar a Reforma Agrária. O senhor acha que esse processo vai se desenvolver pacificamente?

Divaldo: Nós vivemos um contexto de rebeldia. A insatisfação ensandece o indivíduo, e uma sede demorada não permite que o indivíduo eleja o tipo de água que sorve e, às vezes, diante do oceano, ele começa a beber a água errada. Ele tem sede, e quanto mais sorve da "água do mar", mais sede tem. Indubitavelmente, a proposta do governo é muito nobre: a divisão justa da terra para aqueles que não a têm. É, pelo menos, a melhor política do momento. Caso a sede do homem do campo não fosse tão grande, que o leva a sorver a "água do mar" que o enlouquece, e não seria dirigido por mentes apaixonadas, interessadas na vigência de uma situação arbitrária, ao invés de ensinarem a criar uma mentalidade que exija fatores para que a terra possa ser trabalhada. Não é marcar uma região inóspita e dar ao indivíduo.

Ele não sabe o que fazer lá. Na Reforma Agrária, a mim me parece, não basta dar terra, senão oferecer os meios para que o homem se fixe na terra e possa trabalhar. É dar-lhe sementes, dar-lhe assistência médica, dar-lhe assistência educacional para os filhos, dar-lhe apoio social para que ele tenha uma vida de comunidade honrada. A experiência tem demonstrado que antes da chegada dessa grande reforma, já os dominadores arbitrários armam suas milícias. Como na história da Humanidade, o aparentemente forte supõe que é o vencedor, mas normalmente aquele aparentemente forte é sempre o fraco. Ele se arma porque não tem valores morais e mata porque não sabe conviver.

Mas será transitório. Mais cedo ou mais tarde, os valores humanos sobrepor-se-ão à totalidade da força. A história mostrou que, apesar da dominação das armas, o homem sempre venceu pelos ideais. Mais forte do que o canhão é o pensamento. E no passado se dizia que, mais forte do que a guerra era a pluma. É mais valiosa a caneta de um repórter e a palavra de um comunicador, hoje, no audiovisual, do que uma bomba atômica. Porque a bomba atômica é o efeito do instrumento usado pelo comunicador, pelo idealista, pelo estadista, pelo orador, que são os fomentadores das grandes causas. Então eu creio que, ao ser implantado esse movimento, inevitavelmente teremos o prosseguir do derramamento de sangue, porquanto já existe. Mas que será de efêmera duração, porque ninguém consegue deter o progresso. Utilizar-me-ia de um provérbio árabe: "Ninguém consegue deter a madrugada."

Euclides: Esse momento de transição, de derramamento de sangue, duraria até quando, na sua opinião?

Divaldo: Duraria até quando as consciências humanas despertem para a realidade da vida, porque o problema não é apenas do dono das terras, é do homem em si, que se deixa dominar pelo egoísmo. É esse egoísmo que torna a criatura avara, levando-a a possuir mais do que pode digerir. E esse que possui demais é responsável pela miséria daquele que não possui nada. Mas se todos nós, os cristãos, nas várias denominações religiosas, em vez de insuflarmos o fraco contra o forte – fraco e forte temporários –, começarmos a conscientizar o forte poderoso para que ele ajude, dando oportunidade ao fraco, porquanto ele lucrará muito mais vivendo pacificamente do que belicosamente; se nós, cristãos, em vez de estimularmos a luta de classes, fomentarmos a igualdade dos indivíduos; se nós, cristãos, em vez de apoiarmos uma área em detrimento de outra, trabalharmos para que o homem cumpra com o seu dever de criatura que vive transitoriamente no corpo, evitaremos esse derramamento de sangue e estimularemos ao bem os que se acostumaram a deter sem ter, porque ninguém é dono. Ele passa e a coisa fica. Ele irá repartir e descobrirá que a verdadeira felicidade se constitui em dar e não em reter.

Euclides: Essa premonição permite estatísticas? Quantas pessoas irão morrer?

Divaldo: Nós, os espíritas, no que tange a profetismo e a futurologia, somos muito cautelosos, porque esses fatores estão na intercorrência de outras ocorrências. De repente, inesperadamente, vieram as liberdades democráticas que não aguardávamos para tão cedo, e o brasileiro logo se adaptou às liberdades democráticas. Era, portanto, imprevisível essa mudança sociopolítica. Daí seria, de minha parte, uma audácia, fugindo à minha área, prever e prognosticar cifras e datas. Diríamos que, enquanto formos teimosos, sofreremos as consequências de nossa teimosia. Isso pode dilatar-se e abreviar-se no tempo e no espaço.

Bahia: Há quem entenda que a violência urbana no Brasil é um problema muito mais grave que a própria situa-

ção econômica. E também já está muito gasto o argumento de que a violência urbana é devida ao desemprego, à fome, etc. Que soluções o Espiritismo propicia para a violência urbana?

Divaldo: Uma solução de largo porte: a educação, a educação da criança. Eduque-se a criança e se salvará a sociedade. Nós vemos nos guetos da miséria, onde superabundam os fatores criminógenos, a fome campeando desordenadamente. Ela propele o homem como um animal na busca do alimento e ele agride porque não sabe pedir. E o homem agride, mesmo sabendo que o trabalho lhe daria o de que precisa. Mas, em sua filosofia, ele raciocina que num assalto, numa agressão, poderia ter o que levaria um mês para conseguir – assim ele se ilude. Então a grande solução é a educação. Quando nós educarmos a infância, quando os poderosos compreenderem que o nosso poder é aparente, e aquilo que nós não dermos será tomado, então mudaremos de filosofia, não doando, mas gerando fontes de dignidade para promover o homem.

Bahia: Como seria essa educação?

Divaldo: Através da amplidão do parque industrial, através da multiplicação de escolas, de postos de saúde, de creches, principalmente creches e escolas, para que os pais, que veem os filhos na miséria, se sintam motivados a mudar de comportamento. O trabalho de mutirão nos bairros pobres para fazer o saneamento, para que o homem possa ser responsável pelo seu meio de viver, porque normalmente o indivíduo se adapta quase como um animal, no bom sentido da palavra. Sob um beiral, onde tenha espaço para dormir, para exercer o sexo, ele se basta. Se algo lhe falta, ele bebe, usa droga... Quando lhe mostrarmos que a vida não é apenas de natureza fisiológica, que ele é um ser mais completo, idealista, então adquire uma dignidade que desconhecia. E em vez de tomar, ele começa a participar.

Vital: Se a dignidade, a tranquilidade espiritual e a boa conduta moral dependem dessas condições elementares de sobrevivência, a questão do aborto não passaria por esse mesmo problema?

Divaldo: Matar é um erro, e qualquer que seja o objetivo, o meio equivocado não se justifica. Por que abortar, se se pode evitar? A ciência atinge hoje um estágio de progresso que permite ao homem programar sua família, e programar também a concepção. E aí voltamos à tecla básica: aborta-se porque se ignora de onde procede a vida. Na hora em que jovens e adultos, formos esclarecidos do fenômeno da procriação, e pudermos controlá-lo, já não necessitaremos de matar. Quanto à problemática da superpopulação é uma colocação que eu respeito, mas que considero falsa, porque na Alemanha, onde a incidência de natalidade é mínima, e na França, onde é negativa, a violência é bárbara. Não pela fome, mas pelo homem que é violento. As brigadas vermelhas não acolhem pessoas famintas, senão pessoas de alto nível cultural, jovens universitários, magistrados, mas cuja violência não conseguiu ser domada. Aliás, seus ideais são apenas de brutalidade. Daí, a justificativa do aborto para diminuir a natalidade, para diminuir os fatores que geram crimes, é uma colocação muito falsa.

É o divórcio de Deus que leva o homem a essa agressividade. É o divórcio de Deus que fomenta a miséria social, porquanto o poderoso se vincula a uma religião, mas não tem Deus no coração nem o sentimento cristão no comportamento. Se os tivesse, não acumularia, ele repartiria. Assim, essa violência diminuiria, e a criança do gueto, em vez de ficar na favela, no alagado, iria para escolas dignas. Se transformássemos os nossos templos fechados em escolas para promover o homem, a miséria social diminuiria, e já não seria necessário abortar.

Euclides: O Espiritismo condena o aborto. Mas há certos intérpretes da Bíblia que defendem que o Espírito só ingressa no corpo com a primeira respiração. E, por esse prisma, o aborto não seria um crime. Aí vai a primeira diferença entre o Cristianismo e Espiritismo?

Divaldo: Não digamos o Cristianismo, mas digamos pessoas. Porque a Bíblia não diz isso. Santo Agostinho afirmou que o Espírito se apossava do corpo a partir do segundo mês. Não se provou nem que sim nem que não. Nós, espíritas, acreditamos que no momento da fecundação, quando o espermatozoide se acopla ao óvulo e nasce a célula-ovo, o Espírito reencarnante já está ali. Basta deixar, que a vida se manifesta. Porque, se o Espírito fosse incorporado no momento da respiração, como se dizia, no momento da palmada para a criança chorar – o que hoje cientificamente está errado, porque ninguém tem o direito de bater numa criança para que o ar entre no pulmão – a mesma chorava não pela dor do ar entrando no pulmão, mas pelo tapa que se lhe dava nas nádegas.

Hoje, na técnica moderna de parto – inclusive do parto por imersão, de cócoras, que é o parto natural –, a criança quando nasce, saindo da cápsula intrauterina, aspira naturalmente o ar. Qualquer deficiência que há deve provocar uma contração, para que tenha um choque e aspire o oxigênio exterior. Então, a sensação de dor não é do ar entrando: é do novo mundo. Mas o Espírito ali está, já sente desde o momento da fecundação. Interromper a vida é matar o corpo e impedir que o Espírito se manifeste.

Euclides: Há a terminologia "Baixo Espiritismo", aplicada à Umbanda. É correta? O Espiritismo condena a Umbanda?

Divaldo: Não. O Espiritismo condena esse termo que me parece muito injusto. Quando Allan Kardec apresentou *O Livro dos Espíritos*, ele teve a sabedoria de colocar as seguintes palavras: "Para ideias novas, palavras novas", que apõe à palavra Espiritismo. Porque Espiritualismo é a doutrina que crê na imortalidade da alma e em Deus. Propõe o termo Espiritismo, que, este sim, enriquece toda a "origem, a natureza, o destino dos Espíritos e as relações que existem entre o mundo corporal e o Mundo espiritual". O povo, pela desinformação, examinando a Umbanda e os movimentos afro-brasileiros, que são também muito respeitáveis, dignos de crédito e estudo como tudo que existe no mundo, é que procurou classificar o Espiritismo como doutrina alta. E a Umbanda, a Quimbanda e o Candomblé como expressões baixas do Espiritismo.

É uma colocação injusta. Porque a Umbanda, segundo seus aficionados, é uma doutrina que tem a sua própria ideologia, que tem os seus postulados, seu ritual. A Umbanda, de maneira nenhuma é Espiritismo. Como o próprio nome diz, é uma doutrina de ligação com a Divindade. Agora, como toda doutrina religiosa tem seus pontos de contato, o Espiritismo o tem com a religião católica e mesmo com o protestantismo. Nós lemos a Bíblia, que interpretamos de forma diferente. Cremos no mesmo Deus, no mesmo Jesus, na mesma Maria Santíssima. Cremos nos santos – só que os chamamos de Espíritos superiores – e não consideramos que todos, só porque foram considerados santos, o sejam.

Porque não é o fato de alguém me consagrar que me tornará bom. Mas, respeitamos, e é natural que tenhamos pontos de contato ou de afinidade com a Umbanda.

Nós temos a comunicação dos Espíritos, temos a crença na reencarnação. Mas não temos rituais, cerimoniais, não temos vestes sacerdotais, clérigos nem líderes, não temos pastores. Porque, no Espiritismo, cada um é responsável pela sua própria conduta. Daí, a Umbanda é um movimento, como os umbandistas estudiosos consideram, afro-brasileiro que preserva as suas tradições ancestrais adaptadas ao contexto histórico. Mas não há Espiritismo alto nem baixo.

Bahia: Falando um pouco sobre as obras lançadas no Brasil. Gostaria que você comentasse alguma coisa sobre a Mansão do Caminho.

Divaldo: A Mansão do Caminho é uma experiência *sui generis* nas Américas, porque é uma obra de promoção humana e de dignificação da criança. No momento, nós temos 198 filhos adotados, sendo pai de 480 emancipados. Tenho filhos registrados com o meu sobrenome em número de três. A Mansão do Caminho surgiu em 1952. Um casarão de três pavimentos, na rua Barão de Cotegipe, em Salvador (BA). Quando os Espíritos nos disseram que deveríamos promover a criança e acabar com o confinamento que dá indignidade ao indivíduo – em que a criança passa a ser um número, perdendo a oportunidade de sua própria personalidade, liberdade – nós compramos uma área de 96 mil metros quadrados na periferia da cidade e erguemos um sistema que, mais tarde, serviria de modelo.

Eu peço perdão pela falta de modéstia, mas, na falta de modéstia, eu estou narrando os fatos. Várias outras obras surgiram a partir daí, fazendo os chamados lares substitutos. A Mansão do Caminho é pioneira nas Américas. Posteriormente, vim a saber que havia as aldeias SOS na Europa; isso em 1955. (Fui à Europa pela primeira vez em 1967). Nós começamos a construir, na área adquirida, os lares, e colocamos de seis a oito crianças, meninos e meninas na mesma casa, sob a regência de uma senhora ou de um casal.

Mantemos nessa área, que é uma comunidade aberta dentro da comunidade-bairro, uma mentalidade singular: não há chave, todas as portas são abertas, inclusive o portão. Porque a nossa comunidade (bairro) é muito pobre, muito agressiva, com alto índice de criminalidade. E todo o pessoal do bairro sabe que basta empurrar o portão e entrar. Nós criamos a filosofia: "Isto aqui é nosso". Se alguém furtar ou roubar algo, problema dele, porque está tirando de si mesmo. Nunca fomos assaltados. A comunidade tem uma grande participação. No momento nós temos 60 residentes, que são crianças que não têm pais, os chamados órfãos sociais. Temos uma escola de primeiro grau com 1.400 crianças do bairro. Temos outra escola com mais de 400 crianças, um Jardim de Infância de tempo integral: a criança, na faixa etária de 3 a 7 anos, chega às 7 horas e sai às 5 da tarde, para permitir que a família trabalhe.

Temos uma creche para crianças de 0 a 3 anos: recebemos o recém-nascido, que passa todo o dia conosco; aos 3 anos ela vai para o Jardim, ficando todo o dia entre nós; aos 7 anos vai para a Escola de primeiro grau, passa um turno conosco; quando termina a 8ª série, vai para a nossa rede de escolas profissionalizantes. Temos sapataria, panificadora, gráfica, datilografia e convênios com Sesi e Senac para outras profissões. Temos um parque infantil com uma média diária de 2.500 crianças. Temos também serviço voltado para a comunidade. Mantemos um ambulatório médico-dentário com dez médicos e oito dentistas, todos gratuitos, que atendem, em ordem de urgência, residentes, semi-internos e externos. Visamos à promoção social da família, através de um convênio com o Lar Fabiano de Cristo, do Rio de Janeiro. Trezentas e sessenta famílias em promoção social e um trabalho por conta da instituição de assistência a pessoas que, diríamos, tecnicamente... irrecuperáveis. A palavra é muito pesada, mas quero dizer: hansenianos, paralíticos, cegos, tuberculosos, que ainda não fizeram jus ao salário básico. Os hansenianos quase sempre os têm.

Mas um salário mínimo não dá para uma família. Nós a atendemos com carnês, acompanhamos a sua vida, e vamos até o sepultamento dessas pessoas. Concomitantemente, abrimos o "Programa da Sopa", há dois anos, para o problema da fome no bairro e damos diariamente 350 a 400 pratos de sopa a quem chegar à porta. Quem chega é porque está com fome, não tem um pedaço de pão. Porque a gente sempre acha que a fome não é terrível quanto o é a fome do pobre que é uma fome hereditária, vem de seus antepassados.

Euclides: A tese da reencarnação é definida exatamente da mesma forma por todas as correntes espíritas do mundo?

Divaldo: É. Não apenas pelas correntes espíritas, mas pelo espiritualismo não ortodoxo, o chamado espiritualismo universal. A reencarnação, para sermos honestos, não é uma conquista do Espiritismo. Porque a reencarnação já era conhecida na Índia há mais de oito mil anos. *O Bhagavad Gita* e o *Mahabarata* preconizam a reencarnação. *A Doutrina de Krishna* é fundamentada na reencarnação. *O Livro dos*

Mortos, dos egípcios, tem como tese a pluralidade das existências ou reencarnação. *O Livro Tibetano dos Mortos* fundamenta-se na reencarnação. Hermes Trimegisto era reencarnacionista. Buda, Cristo, Lao Tse, Sócrates, Platão eram reencarnacionistas. Digamos então que o esoterismo oriental era todo reencarnacionista. A Cabala é reencarnacionista.

A Teosofia, fundada pelo coronel Olcott e por madame Helena Petrovna Blavatsky, é reencarnacionista. O Antroposofismo de Rudolf Steiner é reencarnacionista. Enfim, a reencarnação hoje alberga no mundo mais de 2 bilhões de crentes, só no Oriente. Com o Ocidente, crê-se que há uma média de 2,4 bilhões de crentes na reencarnação com variantes filosóficas. Hoje, a base essencial é o postulado de que o Espírito, através de várias etapas corporais, adquire a perfeição quando se liberta da necessidade de voltar à Terra, porque adquiriu o conhecimento e o amor.

Vital: Existem várias vertentes dentro do Espiritismo e há um movimento, em função disso, para tentar unificar a prática dentro do Espiritismo e evitar, com isso, que haja qualquer tipo de comprometimento aos princípios da Doutrina. Por que só agora essa preocupação?

Divaldo: Há um provérbio pessimista que, infelizmente, eu vou colocar. Diz o provérbio que tudo o que o homem toca destrói. Eu não chegaria a este ponto. Mas diria que a liberdade de pensamento do homem faz que ele adapte ao que lhe parece melhor, tudo aquilo que lhe chega. Fez nascer as várias correntes filosóficas, os vários comportamentos éticos, as diversas maneiras de viver, a forma de encarar a vida. E o Espiritismo não fugiu ao que chamaríamos de regra geral. Há uma tendência mística, no sentido menos elevado da palavra, a trazer das convicções passadas, aquilo com que o indivíduo se adaptou, e aplicá-las nas ideias novas. Por exemplo, há pessoas que acham que o fato de vestirem uma roupa branca dá-lhes pureza. E, então, tentam induzir que a roupa branca é símbolo de pureza. Mas isso não diz nada, porque se a pessoa não for pura por dentro cai no que já se chamava sepulcro caiado por fora e podre por dentro. Então, muitos indivíduos começaram a acreditar que determinadas posturas, herdadas das suas religiões anteriores, deveriam ser lentamente introduzidas. O que viria a correr um risco, mais tarde, de criar vertentes ou correntes no organismo do movimento doutrinário.

Assim, Dr. Bezerra de Menezes, a partir do ano de 1895, começou a preocupar-se com isto, fazendo um movimento de unificação, não do comportamento, mas de preservação dos postulados doutrinários. Porque não é uma uniformização do movimento, mas uma identificação de conduta doutrinária em toda parte. Ele foi, pois, o pioneiro. Posteriormente, um outro presidente da Federação Espírita Brasileira, Leopoldo Cirne, fez uma convocação aos espíritas do Brasil, no começo do século, para que fossem ao Rio de Janeiro e estudassem juntos uma dinâmica de divulgação da Doutrina e do comportamento doutrinário. Por volta dos anos vinte, a Federação, sempre vigilante, sem coarctar as liberdades dos espíritas, esteve trabalhando para que isso pudesse ser uma realidade. No ano de 1949, no dia 5 de outubro, foi feita uma reunião no Rio de Janeiro, de confrades do sul do país, na qual se firmou um documento de responsabilidade doutrinária, ao qual se deu o nome de *Pacto Áureo*. Era um compromisso de preservarmos os postulados, para que aqueles que desejassem criar vertentes não pudessem afetar o movimento. A partir de então, a Federação, sempre de portas abertas e vigilante ao Pacto, conseguiu reunir todo o Brasil num movimento intitulado Conselho Federativo Nacional, que se reúne uma vez por ano, em Brasília, para que se estudem quaisquer problemas que surjam, se estabeleçam normas dentro do contexto doutrinário e, assim, se possa viver um movimento de identificação, evitando que o Espiritismo venha a padecer o que outras doutrinas experimentaram com a fragmentação das pessoas criando doutrinas dentro da Doutrina.

Nós vemos que Lutero trouxe a Reforma, mas hoje os reformistas estão em mais de 260 ramificações diferentes. Porque cada indivíduo se acha no direito de ser um novo apóstolo e criar uma interpretação que gera uma formulação nova ou corrente diferente. O Espiritismo está livre desse problema, porque é a Doutrina dos Espíritos e nós seguimos aquilo que está instituído nas obras básicas e no que chamamos a revelação complementar, que são as obras mediúnicas ou subsídios dos escritores encarnados que trazem uma colaboração científico-filosófica.

Euclides: Você diz que há uma unificação do pensamento espírita mundial quanto à questão da reencarnação. Mas, por outro lado, há informações de divergências entre as escolas francesa e inglesa. Isto não seria verdadeiro?

Divaldo: Nós teríamos que fazer uma análise histórica. Os ingleses, quando adotaram a reencarnação e a comunicabilidade dos Espíritos, chamaram isso de Neoespiritualismo. Não adotaram a terminologia criada por Allan Kardec, de Espiritismo. Então, hoje, na sociedade espiritualista britânica, há um grupo que aceita a reencarnação e outro grupo, pelas suas realidades protestantes, aceita a comunicabilidade do Espírito, mas não a reencarnação.

Em França, onde o Espiritismo adotou a nomenclatura de Allan Kardec, todos os espíritas são reencarnacionistas.

Na Inglaterra como nos EUA, onde o Espiritismo ainda não se desenvolveu, existe o que eles chamam de Neoespiritualismo e não propriamente Espiritismo. Um dos grandes autores, que é Conan Doyle, na *História do Espiritismo,* faz uma análise muito boa, chegando a dizer que muitos Espíritos, que se comunicavam na Inglaterra, informavam a realidade da reencarnação, enquanto que outros diziam que não: a reencarnação não era um fato que eles tivessem constatado. Eram opiniões individuais.

Euclides: Antes, o Espiritismo se autodenominava uma ciência. E hoje é uma religião. Por que essa evolução?

Divaldo: Quando Allan Kardec definiu o Espiritismo, ele já disse que era uma ciência. É uma Doutrina que nós equipararíamos, conforme o Espírito Emmanuel pela mediunidade de Chico Xavier, a um triângulo equilátero: a base é a Ciência. Porque o fato é demonstrado em laboratório. Um dos ângulos é a Filosofia, porque todo fato leva a uma análise filosófica. O fato é realidade esperando explicação. A Filosofia é a explicação do comportamento. O outro ângulo é a Religião no rumo do infinito. Então o Espiritismo é uma ciência que investiga; é uma filosofia que elucida e é uma religião que conduz. Desde os primórdios ele é ciência, porque homens como Gabriel Delanne, Cesare Lombroso e William Crookes, que eram cientistas, chegaram ao Espiritismo pela análise da mediunidade. Pesquisando em laboratório, constatada a imortalidade da alma, eles foram ler o que Allan Kardec dizia, adotando a filosofia espírita como resposta para o fato. Ocorre que, com o desenvolvimento do conhecimento moderno, a área científica passou a ser muito conhecida. Porque antes era mais a visão religiosa, a visão consoladora das sessões espíritas.

A pessoa ia lá porque tinha problemas, queria a consolação de um filho que partiu, de um familiar que desencarnou. Mas, ao lado disso se realizava experiência científica. Aqui, em Belém, ficaram célebres no mundo, as experiências de dona Ana Prado, que foi uma das maiores médiuns de materialização. Através dela materializaram-se aqui vários Espíritos: João, Raquel Figner, que morreu no Rio de Janeiro, e aqui o seu pai teve a oportunidade de sentá-la no colo. Frederico Figner teve a oportunidade de tocá-la. Ela trouxe uma rosa do jardim da rua Marquês de Abrantes, no Rio, e deu à sua mãe, ainda orvalhada, em uma sessão aqui dirigida pelo desembargador Nogueira de Farias, com fotografias extraordinárias, à prova de qualquer fraude.

Dona Ana Prado era médium de ectoplasmia, para usar a palavra parapsicológica, o que chamamos de materialização. Ela era tão notável que não apenas materializava. Ela se desmaterializava. Ela sentava numa cadeira de dorso de palhinha trançada e, no estado de transe, quando era fotografada, via-se a palhinha, através dela com os vestidos, e, simultaneamente, o Espírito se materializava ao lado. Materializava-se o Espírito chamado João, que chegava quando ela estava numa cabine escura, porque a intensidade luminosa e os raios caloríferos destroem o ectoplasma. Já a luz fria não tem quase efeito negativo.

Euclides: A materialização contempla apenas os bons Espíritos?

Divaldo: Não. Materializam-se também os maus, os inferiores, que têm maior dosagem de vibrações negativas. Aliás, a materialização chega a ser perigosa, porque numa área de vibrações muito contundentes e muito humanas corre-se sempre o risco das Entidades mais humanizadas se manifestarem mais do que os Espíritos mais sublimes. Não obstante, como em toda a atividade espírita, a precaução para esse trabalho é feita através da conduta moral do médium e dos assistentes, da oração, que impedem a interferência dos Espíritos baixos e maus. Porque numa mente dignificada a força do mal não encontra campo, não se materializa.

Vital: Dentro dessa subjetividade da prática do Espiritismo não há margem para o charlatanismo? E qual, se isso ocorre, a incidência, e que tipo de posição os espíritas têm?

Divaldo: É aquela mesma coisa. Nós estamos aqui diante de jornalistas nobres, mas nenhum jornalista ignora a imprensa marrom, em que indivíduos aventureiros se apresentam como jornalistas com a única intenção de denegrir. E, no entanto, eles se dizem jornalistas. Onde está o homem, aí estão as suas imperfeições. E há muitos indivíduos que se utilizam de qualquer doutrina respeitável, qualquer arte nobre – às vezes eu vejo paredes borradas e estão escritas assim: "pintor" fulano de tal. Ele é apenas um borrador de parede. Então, no Movimento Espírita ou na área das apresentações espíritas, aparecem aventureiros, charlatães, mistificadores, que ludibriam a ingenuidade, a ignorância do povo. A atitude espírita é esta: conhece-se o verdadeiro espírita pela sua transformação moral. Onde houver a presença do dinheiro, onde se cobre qualquer coisa direta ou indiretamente – porque tem gente que diz: eu não cobro nada, mas aceita presentes. É um charlatão. É um explorador.

O espírita tem sua vida moral alicerçada nos deveres sociais. Ele trabalha para viver e as suas horas excedentes ele as dá à doutrina e ao movimento. Então, onde houver qualquer interesse de promoção individual, de vaidade e de pagamento, aí há, sub-repticiamente, fatores negativos e perniciosos. Nós explicamos o que é o Espiritismo, e toda pessoa de bom senso saberá distinguir entre um diamante e uma pedra de vidro encontrada no lodo. Porque a nossa preocupação não é tanto com esses exploradores, que são parte da Humanidade, mas promover o homem para que ele realize a sua transformação moral e se torne um bom cristão. De qualquer forma, sempre fazemos campanhas de esclarecimentos. Onde houver ritualismo, algo que impressione para condicionar, troca de interesses, o Espiritismo não está presente.

Euclides: Mais um exercício de futurologia para você. A participação da Seleção Brasileira na Copa do Mundo.

Divaldo: Como todo brasileiro, embora sofrendo muito, eu desejo que o Brasil ganhe, apesar de não estar muito animado. Mas vou torcer com todas as forças da alma, vou orar, como já estou orando, pelo Telê, pelos nossos rapazes e pelo Brasil inteiro para evitar um enfarte coletivo.

Bahia: Divaldo, para fechar esta entrevista gostaria que você dissesse qual é a grande preocupação, o grande objetivo imediato do Espiritismo.

Divaldo: É dizer ao homem que, não obstante a violência, a agressividade, que apesar da sexolatria e da toxicomania, que não obstante o despautério e o infortúnio que grassam, nunca houve tanto amor como hoje. O homem é carente de amor porque ama. A humanidade atinge um de seus momentos culminantes, porque nunca houve na Terra tantos interessados por outros tantos, como agora.

Os organismos mundiais da paz, da anistia, dos direitos humanos, dos direitos da mulher, da juventude, da promoção da criança, a Organização Mundial de Saúde, a Organização Mundial de Saúde Mental, o Rotary Clube, o Lions Clube, a Maçonaria, os Amigos da Cidade, entre muitos outros, são demonstrações de que o homem da tecnologia e da cibernética chega ao estágio da grande conquista intelecto-moral, que é o passo na direção da sabedoria, que é a culminância do seu processo evolutivo. A grande preocupação do Espiritismo é que nos integremos nesse processo de amor, tornando nossa vida útil e seguindo uma tradição: deixemos pelo caminho pegadas luminosas, para que aqueles que venham depois não encontrem as trevas que estamos abandonando, mas um roteiro de claridade para o grande porto da paz, que está dentro de nós, e que conquistaremos através de uma conduta reta, de uma consciência tranquila e de um coração pacificado.

20
Fontes diversificadas

RIE – *Qual a sua opinião sobre a TVP – Terapia de Vidas Passadas?*
Divaldo – Respeito muito a Terapia de Vidas Passadas, quando realizada com elevação e caráter científico. Trata-se, como o próprio nome informa, de um processo terapêutico, que não se pode incorporar às atividades da Doutrina Espírita. Considero-a valiosa para os indivíduos que se apresentam com diversas psicopatologias, e para as quais a Psicologia acadêmica convencional, assim como a Psiquiatria e a Psicanálise não dispõem de recursos liberativos, em razão de se deterem na análise exclusiva da existência atual e nas suas implicações decorrentes da hereditariedade, dos fatores perinatais, psicossociais, socioeconômicos...

A TVP, penetrando a sonda da sua investigação em experiências de outras existências humanas, acredito que podem os fatores traumatizantes ser removidos em alguns casos, desde que os pacientes modifiquem a conduta moral e mental que se permitem, esforçando-se por libertar-se dos efeitos negativos afligentes que lhes remanescem como estados fóbicos, dificuldades do relacionamento interpessoal, desafios sexuais, etc.

Não é, porém, como alguns apregoam, a grande solucionadora de problemas em diversas áreas, porquanto sabemos através da Doutrina Espírita que colhemos hoje o que plantamos ontem...

Igualmente, temos observado que as pessoas não se recordam, realmente, das existências anteriores, sendo induzidas a voltar somente ao acontecimento perturbador, a fim de libertar-se do fator traumático ora transformado em transtorno neurótico. *(Revista Internacional de Espiritismo* – setembro/97.)

W. A. Cuin – *Sexo à vontade, tóxicos fáceis, ausência de diretrizes edificantes. São sombrias as perspectivas para os nossos jovens?*

Divaldo – De alguma forma são preocupantes, em razão da indiferença dos poderes constituídos; dos infelizes mecanismos de divulgação pelos veículos de comunicação em massa; do egoísmo de muitos pais, que não se dão conta das altas responsabilidades que lhes dizem respeito, em torno da educação dos filhos, especialmente através de exemplos dignificantes; dos programas ineficientes de escolaridade e de educação; do desinteresse, quase generalizado, pelas crianças e jovens... No entanto, se conjugarmos nossos esforços em favor dos valores humanos, da construção de uma mentalidade e comportamento morais mais compatíveis com a nossa evolução tecnológica, conseguiremos mudar esses fatores de perturbação, dando início a uma nova geração de homens e mulheres saudáveis.

Este é um período de transição histórica, em que todos os valores estão sendo checados, e aqueles que não têm resistência vêm cedendo à pressão dos impositivos vigentes da hora que passa. É também um momento de transformação de estruturas gerais, criando novos alicerces que servirão de base para o erguimento da Era Nova.

W. A. Cuin – O jovem mais amadurecido, equilibrado e educado segundo os moldes da moralidade, da decência e dignidade, encontra grandes dificuldades para convivência junto aos demais. Que palavra você tem para ele?

Divaldo – O dia começa no amanhecer, quando ainda predominam as trevas. Assim também amanhece moralmente para a Humanidade, embora as sombras que predominam. Os jovens que se vêm desincumbindo dos deveres que lhes dizem respeito são os argonautas triunfadores das mil batalhas que estão sendo travadas por todos nós; que estão construindo o futuro desde hoje; que estão investidos de responsabilidades superiores para favorecer o porvir com os instrumentos da felicidade e da paz.

Assim, lhes diremos que não desanimem ante os maus exemplos; que contemplem os alcantis dourados e nobres da cultura, da arte, da ciência e da verdade, de que Jesus se fez o sublime exemplo, e sigam adiante, sem permitir que o desequilíbrio dos maus lhes sirva de modelo para ser seguido. Que possam, esses novos idealistas, compreender que a luta é forte, mas as compensações interiores são infinitamente mais agradáveis, facultando-lhes plenitude. Portanto, prosseguir sempre, sendo fiéis ao dever e ao lema a vivenciar.

W. A. Cuin – Onde deve a criatura apegar-se para encontrar uma ilha de paz ante a tormenta do momento?

Divaldo – A conduta cristã espírita, que é a demonstração da convicção interior que nos convida à reflexão e à oração, propiciar-nos-á o encontro com a paz interior, trabalhando em favor de uma ilha, por enquanto muito íntima, para facultar a superação da tormenta que vem assolando a Terra. Empenhando-nos no esforço de transformar a sociedade através da própria modificação interior para melhor, lograremos espalhar o Reino de Deus entre as criaturas, portanto, proporcionando uma vida mais justa e digna para todos. (Folha Espírita – junho/97.)

Revista Espírita Allan Kardec (REAK) – Que futuro você vê em todas essas discussões sobre o aborto?

Divaldo – Esperamos que o projeto do aborto aborte. E que o Brasil não legalize um crime, sob a justificativa de abolir os abortos criminosos, que são praticados às escondidas. Este argumento profundamente falso e sofista nos liberaria também para a pena de morte e para uma série de disparates: legalizar o crime, para que ele não traga muitos danos, tornando-se, além de imoral, patrocinado pela nacionalidade. Na hora em que abrirmos espaço para o aborto legalizado, não seja de estranhar que filhos ingratos proponham a morte de pais envelhecidos e enfermos, sob a alegação de que eles causam perturbação na vida social e são grande peso na economia doméstica. Formulamos votos para que os nossos homens públicos despertem em tempo de impedir que a calamidade do aborto legalizado se torne uma realidade no Brasil.

REAK – O Espiritismo marcha lado a lado com a Ciência e chama a atenção para que os experimentos da Ciência não sejam usados contra o próprio homem. Nesse sentido, um dos assuntos que estão em pauta hoje em dia é relacionado aos clones. Como você vê esta questão?

Divaldo – Em uma obra que foi publicada nos Estados Unidos, na década de 60, intitulada "*Venha, vamos brincar de Deus*", o autor diz que a criatura humana ainda não aprendeu a brincar de homem. Toda vez que tenta, sua brincadeira se transforma em guerra. Como se atreve a brincar de Deus? A proposta de clonar a criatura humana exigiria primeiro da genética, uma ética. Porque desde que o homem pretenda interferir nos genes e cromossomos para criar grupos de sábios e de gênios, também governos arbitrários pretenderão criar grupos de fanáticos e de monstros, insensíveis à dor, que atentem contra outros povos, levando-os à destruição. É certo que não passa de "ciência-ficção". Mas a proposta, que vem sendo apresentada há quase 30 anos, exigirá da própria criatura humana, na ciência, uma ética, para que não se torne, o mecanismo do conhecimento, instrumento da destruição da vida.

Sabemos, através das revelações dos espíritos, que nem tudo aquilo que o homem anseia e anela, executa. Porque, para isso ocorre a interferência Divina. Certamente esse voo desorganizado das mentes mais ambiciosas para clonar a criatura humana pode ser utilizado mais tarde na ciência para diminuir a carga de aflições e a carga de resgates dolorosos, porque sempre que a ciência dá um grande passo, para o bem, a criatura humana tem direito a ter as suas dores diminuídas. Foi assim com o surgimento do éter, do clorofórmio, para diminuir as dores das cirurgias, das microcirurgias, dos transplantes, porque o homem lentamente vai saindo do caos, da sombra e do primarismo, para, com a Terra, chegar à fase de regeneração e progresso.

REAK – Um marido pergunta a respeito das clínicas que fazem a fecundação in vitro. *Ele está consciente do ato de humanidade que é a adoção de uma criança, mas a sua esposa queria ter a sensação de acalentar um filho, mesmo que fosse fecundado* in vitro. *É um direito que a mulher tem. Como você vê essa questão?*

Divaldo – Vejo a fecundação *in vitro* como uma questão muito positiva. A criatura humana, por uma questão cármica, reencarna com esta ou aquela deficiência do aparelho reprodutor. A divindade propiciou à ciência minimizar o drama e facultar a bênção da alegria para o calceta que, através do amor, reparou o seu erro do passado. É perfeitamente lícito e justo que se apele para o recurso da fecundação *in vitro* e até mesmo para a maternidade de aluguel, sem que seja necessário que aquela mãe receba estipêndios, porque seria ideal contribuir para a felicidade de outrem, a fim de fazer com que na nossa sociedade o bem predomine acima do mal e a dor seja substituída pela ventura de fazer o próprio bem. Consideramos uma conquista valiosa, digna do nosso maior aplauso e respeito. E que todas as mulheres impossibilitadas de terem a fecundação natural, tenham o direito de a ela recorrer como um processo de sublimação e de amor materno. (*Revista Espírita*, Allan Kardec – Ano VIII, nº 33.)

21
À DRA. MARLENE NOBRE
JORNAL FOLHA ESPÍRITA

São Paulo, março de 1997.

Não há dúvida de que Divaldo Pereira Franco é um *trator a serviço da causa espírita*, semeando consolações. Aquele jovem de quase 20 anos que, a 27 de março de 1947, levantou-se para falar de Espiritismo ao público de Aracaju, no pequeno e acolhedor Estado de Sergipe, provavelmente, não imaginava chegar tão longe. Hoje, cerca de 8.600 conferências depois, 52 países visitados em cinco continentes – África, Américas, Europa, Ásia e Oceania –, acredita que o trabalho desenvolvido foi pequeno, mas permanece uma "sensação de paz pelo que ficou realizado" e esperança pelo que poderá desenvolver no futuro.

A Mansão do Caminho, em Salvador, Bahia, é seu grande refúgio, sobretudo quando o cansaço bate à porta e as saudades dos entes queridos teimam em repontar.

Juntamente com o primo Nilson e outros amigos, fundou essa instituição benemérita, em 15 de agosto de 1952, dedicando-se, desde então, às crianças e famílias carentes. Hoje, atendem 2.850 crianças e jovens em regime de semi-internato e externato.

Ao longo desse tempo, o Movimento Espírita cresceu muito, mas, apesar das ideias esdrúxulas e dos modismos que surgem e passam rapidamente, crê que ele vem se conscientizando, cada vez mais, de suas responsabilidades, com interesse crescente pela unificação. Mas, o desafio maior, segundo sua análise, continua sendo a transformação moral, o estudo e o trabalho junto às novas gerações.

Em suas peregrinações, pôde constatar que o Espiritismo tem encontrado maior ressonância e número de adeptos, pela ordem, nos seguintes países: Portugal, Espanha, Argentina, Colômbia, Venezuela, Porto Rico, França, Inglaterra, México, Suíça... Nos Estados Unidos, há somente grupos de origem latino-americana. Não acredita, porém, em fórmulas brasileiras para a sua implantação no exterior, o que sempre prevalecerá é a obra de Kardec, com sua linguagem universal.

A Transcomunicação Instrumental (TCI), no seu entender, "é a mais bela confirmação das experiências do codificador". E sua maior alegria é pregar onde nunca se ouviu falar sobre a doutrina libertadora.

Estas e outras lições colhemos do conceituado orador, nesta entrevista, via fax, antes de nos reencontrarmos em Sergipe, a 27 de março, para as comemorações do cinquentenário. Em Aracaju, 50 anos depois, um público visivelmente maior estará frente a um Divaldo quase septuagenário (ele nasceu a 5/5/27), que pede apoio para não se tornar pedra de tropeço, e forças para continuar apontando rumo aos que vierem depois.

Eis o teor da entrevista:

FE: 1947 – 1997 – 50 anos de atividades ininterruptas no campo da oratória espírita. Passando em revista todo esse tempo, qual a sensação que fica?

Divaldo: Fazendo uma análise retrospectiva dos últimos cinquenta anos de atividades através da palavra, na

A Veneranda Joanna de Ângelis

Seara Espírita, constato a inexcedível Misericórdia Divina que jamais me faltou com socorro nos mais diferentes momentos da caminhada. Esse auxílio sempre se fez presente através dos amigos espirituais, generosos e atuantes, que me sustentaram em nome do Senhor, ajudando-me a tornar mais leve o fardo, ao mesmo tempo estimulando-me ao prosseguimento da luta que venho travando no mundo íntimo, a fim de transformar-me em verdadeiro espírita, que seria alcançar a posição de verdadeiro cristão.

Igualmente constato que poderia ter feito muito mais, aplicando com maior rentabilidade o tempo de que dispus.

A lição que sempre fica, após o passar do tempo, é a de se poder avaliar com tranquilidade o que foi feito e aprender a realizar mais e com melhor qualidade. Recordando-me de Jesus, que em menos de três anos alterou o rumo da História, e do apóstolo Paulo, que expandiu o Evangelho por todos os povos do Mediterrâneo, com dificuldades quase intransponíveis, considero que, em face dos recursos atuais que nos facilitavam a movimentação, foi de pequena monta o labor desenvolvido. Todavia, permanece uma agradável sensação de paz pelo que ficou realizado, e de esperança, pelo que ainda poderei desenvolver com os olhos postos no futuro.

FE: 50 anos depois, quantos continentes, países visitados e cálculo aproximado de conferências realizadas? Há também entrevistas para os meios de comunicação, dá para se ter uma ideia delas?

Divaldo: O Dr. Washington Luiz Nogueira Fernandes, advogado paulista e querido amigo, esteve procedendo, nos últimos anos, a um levantamento de dados, baseado em documentos que se encontram arquivados em nossa instituição, e assinalou que já estive em cinquenta e dois países de cinco continentes a saber: África, América (do Norte, Central e do Sul), Europa, Ásia e Oceania, havendo proferido aproximadamente 8.500 a 8.600 conferências, incluindo-se as que tiveram lugar em Salvador, onde resido.

Quanto às entrevistas para os meios de comunicação, não tenho ideia, embora haja anotado mais de quatrocentos e cinquenta canais de televisão, em alguns dos quais retornei várias vezes. As emissoras de rádio ultrapassam o número de seiscentas, e não tenho ideia do número de revistas e jornais, espíritas e laicos.

FE: Seu estilo de oratória é inconfundível e você sempre se manteve fiel a ele, desde o princípio. É uma característica própria de sua alma ou constitui um trabalho conjunto com os Espíritos que o inspiram? Já aconteceu de você mudar o tema de última hora por inspiração deles?

Divaldo: Não poderei definir, honestamente, se a característica oratória de que sou objeto é própria de mim mesmo. Acredito, no entanto, que ela é resultado desse trabalho conjunto entre o Espírito que sou e os amigos espirituais que me inspiram. Quando comecei a proferir palestras, eu tinha uma sensação de ver as paisagens nas quais tiveram lugar as sublimes lições de Jesus, descrevendo-as, portanto. Porque o meu vocabulário fosse muito deficiente e lutasse com dificuldades culturais compreensíveis, por falta de mais amplos estudos, eu ouvia psiquicamente as palavras, consultando dicionários depois, a fim de verificar a sua existência. Posteriormente, eu tinha a sensação de ver uma fita como a do teletipo (naquela época) em que as frases se encontravam escritas, e as lia com a velocidade com que passavam. Hoje, não obstante a experiência dos muitos anos de exercício, de aprendizagem, o fenômeno ainda ocorre, particularmente quando exponho um tema com o qual não me encontro familiarizado. Noutras vezes, sentia-me, como ainda me sinto, controlado pelo Espírito Manuel Vianna de Carvalho que, invariavelmente, se responsabiliza pelo conteúdo das conferências e palestras, também assessorado por outros Espíritos, aos quais convida para essa atividade.

Como é natural, há temas que me sensibilizam mais, que me são mais agradáveis de abordar. Muitas vezes, planejo utilizá-los, mentalizo-os e, no momento em que me levanto, sou impulsionado a apresentar outros totalmente diferentes no conteúdo e na forma.

Desse modo, mesmo considerando a responsabilidade do compromisso, medito a respeito de um ou dois assuntos, antes das palestras, predispondo-me para o momento. Nos minutos, porém, que precedem às mesmas, sou induzido à seleção deste ou daquele, ou mesmo a um inesperado, que não havia sido pensado. As exceções ocorrem quando os temas são propostos pelos promotores dos eventos, ou quando me pedem antes para sugeri-los. Ainda aí, a construção do assunto se dá no momento da abordagem sob forte inspiração dos mentores espirituais.

Vencendo o cansaço e a falta do lar

FE: Ao longo do seu percurso sacrificial – aeroportos fechados pelo mau tempo, voos suspensos, conexões canceladas, espera interminável –, como tem sido para você lidar com os contratempos? Quantos dias por ano dedicados à divulgação pela palavra? Tem tido estafa? Como lida com o estresse?

Divaldo: Graças à contribuição otimista do Espiritismo, diante das dificuldades enfrentadas nas viagens, especialmente as que foram enunciadas, venho conseguindo através do tempo manter-me tranquilo. No início, por inexperiência, sofria muito a angústia da expectativa, em razão dos compromissos com datas e horários estabelecidos, que não podiam ser alterados de última hora. Um impedimento em algum aeroporto iria prejudicar o restante da programação, tendo em vista que, em muitas temporadas eu permanecia apenas um dia em cada lugar. À medida que os anos se sucederam aprendi a administrar essas ocorrências, evitando o mau humor e procurando compreender que estava diante de circunstâncias superiores à minha capacidade de previsão. Sempre tenho procurado chegar aos aeroportos – bem como aos lugares onde tenho compromisso – com bastante antecedência, tomando as precauções normais. Ao suceder qualquer imprevisto, busco harmonizar-me e digo-me que se trata de ocorrência superior à minha capacidade de solucioná-la. Aproveito então o tempo para ler, renovando-me interiormente.

Antes de aposentar-me, dedicava-me a viajar durante os fins de semana, os feriados e dias santificados, períodos de férias, carnaval, semana santa etc. Após a aposentadoria, que teve lugar no ano de 1980, passei a reservar um período de duzentos a duzentos e vinte dias por ano para o mister. Quando estou em Salvador, profiro três palestras por semana em nosso Centro Espírita Caminho da Redenção, assim como em outras entidades locais que me solicitam fazê-lo.

Às vezes, descubro-me cansado, sentindo falta do lar, dos amigos queridos que vivem conosco e esforço-me para impedir a tristeza, a tentação das pequenas comodidades domésticas. E quando o acúmulo de tarefas, de preocupações e de testemunhos me surpreende, faço da oração e do trabalho junto ao próximo o melhor recurso terapêutico para evitar o estresse. Na Mansão do Caminho, em razão das atividades que são desenvolvidas, sempre me enriqueço de alegria e entusiasmo, renovando-me para prosseguir com o acerto possível.

FE: Conte algum episódio interessante, um fato pitoresco de suas inúmeras viagens. Percalços na realização de conferência, atrasos, dificuldades, episódio engraçado – lembra-se de algum?

Divaldo: Entre os muitos que aconteceram, recordo-me de que, estando programado para proferir uma conferência em Santo Domingo (República Dominicana), a convite da Dra. Iris Chevalier, nobre trabalhadora do Espiritismo naquele país, o ato seria na Biblioteca Pública da cidade. Antes, porém, fomos entrevistado por três diferentes canais de televisão, e, como consequência, houve uma afluência inusitada de público. Quando chegamos e desejamos entrar na sala, que estava superlotada, tentei atravessar o corredor central com cuidado. Em determinado lugar, porém, havia uma senhora robusta que teimava em não me deixar passar, informando que não havia como chegar à frente. Eu lhe disse, sorrindo, que, dessa forma, não haveria a conferência. E quando ela interrogou, contrafeita, por que não, eu lhe expliquei que era o expositor. Sorrimos todos em volta e ela foi adiante abrindo passagem... O mesmo fato, com ligeiras variações, repetiu-se no México e uma vez aqui mesmo no Brasil.

Outro que me assinalou ocorreu quando de uma viagem entre Maracaibo e Caracas. Quando os passageiros entraram no avião, um jovem veio sentar-se na mesma fila de poltronas em que eu me encontrava, ao meu lado. Prefiro sempre viajar na poltrona do corredor, área de não fumantes, para evitar incomodar os outros passageiros, caso necessite levantar-me. Estranhei que ele assim procedesse, porque o avião estava quase vazio. Não se tratava aquele voo de assentos personalizados e quis transferir-me de lugar, porém, não o fiz. Quando o avião decolou, percebi que o jovem (com uns vinte e cinco anos mais ou menos) olhava fixamente para uma pequena boneca, adquirida no *free shop* – identifiquei-a pela embalagem – e ele estava visivelmente agitado. Fixei a atenção nele e uma onda de ternura me envolveu. Nesse momento, vi uma senhora desencarnada aproximar-se e enlaçá-lo. Simultaneamente, escutei-a pedir auxílio para o rapaz, a quem chamava de filho.

A fim de atrair-lhe a atenção, perguntei-lhe se a boneca era para alguma filhinha. Embora indisposto, respondeu que sim. Insisti na necessidade do diálogo, terminando por informá-lo de que eu era espírita e médium. Narrei-lhe a visão espiritual e a preocupação da genitora, em razão de algum problema que o estaria afligindo. Depois de alguns minutos de conversação amiga, terminou por narrar-me que era geólogo e fora despedido de uma companhia de petróleo, na qual trabalhava, em Maracaibo. Sentindo-se injustiçado e sem ânimo para recomeçar tudo outra vez, planejava suicidar-se, logo chegando a Caracas, onde o esperavam esposa e filha. Após o desabafo entre lágrimas, continuei conversando, apresentando-lhe o futuro promissor e as infinitas possibilidades que se lhe abririam convidativas, caso ele permanecesse animado e disposto para superar o desafio.

Quando o avião pousou, ele se encontrava renovado. Ofereci-lhe *O Evangelho segundo o Espiritismo,* de Allan Kardec, que sempre conduzia comigo, na pasta, e falei-lhe da excelência da Doutrina Espírita e da sua proposta renovadora.

Descemos, rumando ao aeroporto e ali à saída, apresentou-me aos familiares muito emocionado. Convidei-os para a palestra que deveria proferir na cidade e tornamo-nos amigos.

Na primeira vez, quando fui a Lourenço Marques (antiga capital de Moçambique), embora os confrades houvessem solicitado permissão às autoridades para a conferência, já que, naquela época, durante a ditadura salazarista, isto se fazia necessário, ao chegar, soube que ela fora negada. Ante a impossibilidade de realizar o trabalho, tive a inspiração de oferecer-me para falar com o governador militar que dirigia a cidade e fui acompanhado pelo anfitrião, que se encontrava receoso.

Orando e confiando no Senhor, consegui ser recebido e falei ao jovem militar a respeito do Espiritismo, qual era a conferência e quanto ela iria ser útil às pessoas, em face do conteúdo de amor e de iluminação que a Doutrina oferece. Ele ouviu-me, sinceramente gentil, e como a autorização somente pudesse ser fornecida pelo governador civil, prontificou-se a consegui-la, e estar presente ao ato, e, à noite, foi realizado o trabalho com a autorização e sua presença, abrindo-nos as portas para as atividades naquele país. Posteriormente, foi convidado o confrade Joaquim Alves (Jô), que ali permaneceu alguns meses e fundou a Comunhão Espírita Cristã, que até hoje permanece, embora com um pequeno número de interessados.

São muitos os acontecimentos dessa natureza, cômicos uns, graves outros, contornados todos, quanto possível, pelos benfeitores espirituais que me utilizam para a tarefa.

Amplo trabalho assistencial

FE: A Mansão do Caminho – instituição benemérita da Bahia, dirigida por você, pelo Nilson e demais companheiros, há muitos anos instrui e educa jovens e crianças, amparando também famílias carentes, parece-nos que atualmente mudou seu tipo de atendimento, estando mais voltada para o regime de semi-internato. Houve melhoria social efetiva? Detalhe, por favor, o tipo de trabalho realizado e as perspectivas futuras.

Divaldo: A Mansão do Caminho foi inaugurada no dia 15 de agosto de 1952, quando Nilson, dedicados companheiros e nós passamos a dirigi-la e a trabalhar na educação de crianças e jovens. Não obstante, porque nos encontramos em um bairro dos mais carentes do Estado da Bahia, inclusive muito próximo ao lugar onde é depositado o lixo da cidade, ampliamos o labor atendendo, também, famílias carentes, enfermos e todos quantos buscam nossa Casa.

Iniciamos, no Brasil, a experiência dos lares substitutos, mesmo antes que aqui se instalasse a meritória instituição Aldeias Infantis SOS, cujo primeiro conjunto, que saibamos, surgiu em Porto Alegre. Chegamos a ter quinze unidades, nas quais residiam, em média, 110 crianças de ambos os sexos. Concomitantemente, criamos escolas de primeiro grau, ambulatório médico e serviço de atendimento a famílias aflitas.

Todo o labor sempre foi abençoado. No entanto, no ano de 1990, Joanna de Ângelis sugeriu-nos que a melhor forma de educar seria não deslocar o educando do seu grupo social, trabalhando-o ali, de forma que pudéssemos modificar as estruturas da comunidade. Certamente que haveria exceções, no caso de crianças que não tivessem qualquer familiar que delas se pudesse encarregar. Assim, sugeriu-nos que, à medida que fossem emancipando os filhos maiores, não os substituíssemos, mas ampliássemos a rede escolar, a fim de atendermos um maior número e, ao mesmo tempo, penetrássemos mais no grupo social no qual residiam.

Desse modo, estamos apenas com oito crianças que aguardam as condições que lhes facilitem a emancipação, como conclusão de cursos e profissionalização, e ampliamos as nossas escolas, transformando alguns dos lares em novos grupos educacionais.

Já realizávamos assistência às gestantes, que são encaminhadas ao setor especializado, recebendo atendimento médico (orientação de higiene, abrangendo a sexual e a disciplina moral), enxovais, que são confeccionados em nossa Casa. Mantemos uma creche para crianças de dois meses até três anos e seis meses, quando são transferidas para o Jardim da Infância, no qual ficam até os seis anos e seis meses, sendo encaminhadas à Escola Primária. Temos três escolas de primeiro grau (uma delas com níveis I e II), uma de auxiliar de enfermagem, dez de profissionalização (marcenaria, sapataria, datilografia, gráfica, panificação, cabeleireiro e manicure, tapeçaria, corte e costura, *silk screen* e mecânica de automóveis). Ampliamos o Centro Médico (com atendimento dentário e laboratório de análises clínicas, que já existiam e foram modernizados). Ainda mantemos atendimento a famílias em recuperação social e econômica, famílias outras com dificuldade de recuperação (ex-hansenianos, tuberculosos, aidéticos, paralíticos, cegos e muitos idosos).

Houve uma surpreendente colheita de resultados, inclusive possibilitando-nos atender, no momento, a 2.850

crianças e jovens em regimes de semi-internamento e externato. Planejamos acompanhar os melhores alunos, oferecendo-lhes bolsas para prosseguirem estudando em universidades ou em especializações, o que já vem sucedendo, porém em pequena escala.

É comovedor poder atender a criança ainda em desenvolvimento no ventre materno, recebê-la na Creche, no Jardim da Infância, na Escola Primária e na Profissionalizante, acompanhando-a até se tornar capaz de seguir por si mesma, como jovem com recursos para uma vida digna.

FE: Inegavelmente, perseverança tem sido sua marca primordial. Ao longo desses anos de luta, o que mudou no Movimento Espírita? É possível dar-nos uma panorâmica? A seu ver, quais os pontos nos quais o Movimento deveria empenhar-se com mais afinco?

Divaldo: Observo que o Movimento Espírita apresenta-se cada vez mais consciente das suas responsabilidades, aprofundando raízes e preocupado com a vivência dos postulados doutrinários. Observo, também, como é natural, que em razão do crescimento do mesmo, surgem com frequência ideias esdrúxulas e modismos que procuram instalar-se, gerando dificuldades e conflitos.

O Movimento, no entanto, mais amadurecido, tem sabido administrar essas novidades, que passam com certa rapidez, permanecendo fiel ao pensamento kardequiano e às obras que lhe são subsidiárias. Há um grande interesse pelas propostas científicas do Espiritismo, em face da confirmação que nos chega de todos os lados da investigação paranormal e das conquistas da Psicologia Transpessoal, confirmando a reencarnação, a comunicabilidade dos Espíritos, a obsessão, a Justiça Divina...

Por outro lado, a unificação em nosso Movimento vem realizando admiráveis conquistas, como recentemente a apresentada pelo Conselho Federativo Nacional, convidando todas as Federações a intensificarem a divulgação das obras de Allan Kardec, que a FEB se propôs editar a preço ainda mais acessível, com o objetivo de esclarecer a todos a respeito do Espiritismo e dos seus postulados.

Igualmente, o Instituto de Divulgação Espírita, de Araras, SP, acaba de apresentar as obras de Allan Kardec em um só tomo, facilitando compulsar o pensamento do mestre de Lyon e dos benfeitores da Humanidade, em excelente tradução de Salvador Gentile, anulando ou diminuindo as consequências de uma anterior que foi apresentada sem o menor cuidado doutrinário e ilustrada em demasia, alterando a qualidade mantida pelo codificador, que se empenhou em eliminar os simbolismos e ilustrações comuns em outras religiões, conforme apresentadas no passado e no presente.

Acredito que o desafio maior, para nós, espíritas, além daquele que diz respeito à própria transformação moral, é estudar mais a Doutrina e trabalhar as gerações novas, crianças e jovens, que hoje sofrem terríveis pressões psicológicas, culturais, sociais, pensando-se na sociedade de amanhã. O Espiritismo é Doutrina para jovens, pela sua simplicidade, pela sua riqueza de conteúdo e, ao mesmo tempo, de profundidade. Sem as complexidades comuns a outras doutrinas, o Espiritismo é Jesus de volta com a beleza e pulcritude que O caracterizaram, nos dias quando esteve conosco...

FE: No exterior, quais os países onde o Espiritismo tem-se expandido mais? Temos notado a grande dificuldade desse cres-

cimento por falta de livros espíritas, uma vez que o orador faz a sementeira, mas é a palavra escrita que sustenta a germinação dos princípios nutritivos. Há sugestões para essa área?

Divaldo: Em nossa observação, onde o Espiritismo tem encontrado maior ressonância e maior número de adeptos, por ordem: Portugal, Espanha, Argentina, Colômbia, Venezuela, Porto Rico, França, Inglaterra, México, Suíça... Nos Estados Unidos existem já muitos grupos espíritas, no entanto, de origem latino-americana, com pouquíssimos nacionais participando dessas atividades. Na Alemanha, nas Repúblicas Checa e Eslava, como em outros países, qual ocorre na Escandinávia, o maior obstáculo à propagação da Doutrina Espírita é a ausência de livros do codificador, como de outros autores que contribuíram e contribuem para a sua melhor divulgação.

Se me fosse lícito apresentar alguma sugestão, esta seria a do empenho em serem publicadas as obras de Allan Kardec em outros idiomas, estimulando aqueles que trabalham nesses países e oferecendo-lhes os livros da Codificação a preço acessível, senão gratuitamente, para esclarecimento dos interessados.

Com as facilidades de comunicação dos dias atuais, às vezes preocupo-me com as informações que alguns companheiros espíritas levaram aos grupos iniciantes, fora do Brasil, dando surgimento a divergências desnecessárias, à criação de correntes de pensamento fora da Codificação, chegando a sugerir que a mesma se encontra superada, outras vezes, apresentando fórmulas brasileiras para a implantação do Espiritismo em lugares com estrutura cultural, social, moral diferente da nossa. O Espiritismo é único e não tem nacionalidade, devendo, portanto, ser apresentado, conforme recebemos do codificador e dos Espíritos nobres que o inspiram.

FE: *A transcomunicação instrumental tem sido tema polêmico para muitos confrades. Justamente, quando ela chega confirmando os paradigmas espíritas. Dá para entender? E outros assuntos controversos, seria possível um consenso maior, com atitudes mais fraternas?*

Divaldo: A transcomunicação instrumental dos nossos dias é a mais bela confirmação das experiências do codificador, que também se utilizou, a princípio, de instrumentos para a comunicação com os Espíritos. No seu tempo, foram a mesa pé de galo, a cestinha de vime, as ardósias lacradas etc. Hoje, graças ao avanço da tecnologia e da eletrônica, a transcomunicação instrumental, através de investigadores sem compromisso com o Espiritismo, vem confirmar os paradigmas da doutrina, reafirmando a existência do Mundo espiritual, das comunicações espíritas, da reencarnação.

Quando nós, espíritas, entendermos que não existe *magister dixit* em Espiritismo e que nossas opiniões, por mais respeitáveis, são credoras de exame natural, de confirmação ou não, e forem colocados acima das paixões pessoais os objetivos da doutrina, teremos a humildade de nos reunirmos para estudar os temas mais controversos com espírito de fraternidade e de respeito, chegando a consenso maior, que evite conflitos e decepções naqueles novatos que se adentram cheios de entusiasmo e logo são surpreendidos negativamente com os comportamentos exaltados, agressivos e violentos, muito distantes das recomendações espíritas. A liberdade de consciência, de pensamento e de conduta é direito de todo cidadão, particularmente do espírita, merecendo respeito e, se for o caso, reparo, nunca agressividade, ofensa, desmoralização...

FE: Quais são os seus planos futuros? Prosseguir sempre? É sua a palavra final, com os nossos agradecimentos pela entrevista.

Divaldo: Tenho rogado a Deus que me permita a imerecida honra de prosseguir na atividade espírita até o momento da desencarnação. Sempre acalentei o desejo de apresentar o Espiritismo em lugares nos quais, antes, nunca fora conhecido; falar sobre Jesus do ponto de vista da Revelação Espírita, que explica o Evangelho sem necessidade de recorrer-se a milagres, ao sobrenatural, à Trindade Divina, a sacramentos e rituais. Felizmente, já tenho fruído o júbilo de proferir conferências onde antes, que se saiba, nunca se ouviu falar sobre esta doutrina libertadora. Assim, é do meu desejo continuar sempre.

Profundamente sensibilizado, desejo agradecer à doutora Marlene Nobre pela gentileza da entrevista e rogar àqueles que, por acaso, venham a lê-la, que me envolvam em vibrações de paz e lucidez, para que não me torne pedra de tropeço na Seara de Luz, continuando a colocar a luz no velador, a fim de que continue apontando rumos libertadores para os que vivem.

22
Jornal Mundo Espírita
JUNHO DE 2006

Divaldo Franco fala sobre o Movimento Espírita

Divaldo Pereira Franco gentilmente concedeu entrevista à equipe de redação do Jornal Mundo Espírita, algumas horas antes de subir ao púlpito para proferir a palestra de abertura da VIII Conferência Estadual Espírita, em Curitiba (PR), no dia 24 de março de 2006.

1 – Ao demonstrar as consequências que resultam de cada um dos nossos atos, dando a certeza da vida futura, o Espiritismo tem por finalidade a renovação íntima dos indivíduos. O que se observa no Movimento Espírita, algumas vezes, é que coexistem perspectivas diferentes sobre o caminho para se chegar a este objetivo. Essas diferenças são prejudiciais à Doutrina Espírita?

Divaldo: Em realidade, essas diferenças fazem parte do contexto das necessidades humanas. Por um largo período ainda haverá discrepâncias metodológicas, diferenças de aplicações de recursos, tendo-se em vista os variados níveis de consciência que assinalam a sociedade terrestre e, em particular, o Movimento Espírita.

Somos um Movimento ainda em formação. Encontramo-nos na fase da fixação dos valores, quando aprenderemos a selecionar aqueles sentimentos éticos mais importantes para o nosso progresso moral e intelectual. É natural, portanto, que indivíduos intelectualizados, mas não necessariamente moralizados, ao adentrarem-se no conhecimento espírita, intentem aplicá-lo de acordo com a sua maneira de pensar e não de acordo com a proposta exarada pelo codificador. Disto resultam as discrepâncias metodológicas que de nenhuma maneira afetam a doutrina, em seu contexto já perfeita, mas gerando algumas dificuldades no Movimento que a qualidade das boas aplicações terminará por superar.

2 – Os Espíritos que se manifestaram na Codificação asseveraram a missão do Espiritismo como regenerador da Humanidade, ideia que se observa também nas comunicações mediúnicas de inúmeros outros Espíritos. O Movimento Espírita ao redor do mundo caminha nesta direção?

Divaldo: Sem dúvida. Neste momento de transição, vivemos os primórdios da hora de renovação social que tomará conta do mundo, assim que passem as grandes tribulações e os testemunhos que irão purificar os Espíritos que se olvidaram da lei de amor. Em toda parte, as Entidades venerandas comunicam-se convidando à transformação moral do indivíduo, para que, a partir dela, haja a renovação social.

É muito fácil pensar-se num mundo melhor, mas para que isto ocorra é necessário que os Espíritos que o habitamos sejamos melhores. Quando nos tornarmos menos agressivos, menos egoístas, menos atormentados pelas paixões inferiores, estas heranças inevitáveis do nosso processo antropossociopsicológico, já estaremos melhores e, consequentemente, constituiremos a sociedade melhor para um mundo mais feliz e mais tranquilo.

Examinando os períodos por que passaria a Doutrina Espírita, o codificador refere-se ao período de renovação social, que seria o último, indubitavelmente, este que agora estamos iniciando.

3 – Como avalia os meios utilizados para o ensino espírita, atualmente, nos Centros Espíritas?

Divaldo: Uma conversa de Espiritismo é uma aula de Espiritismo. Em breve, sem dúvida, os núcleos espíritas, que já são escolas de espiritização, transformar-se-ão nos verdadeiros centros de ensinamento espírita.

Pessoalmente, acho muito difícil que venhamos a criar instituições educacionais culminando em universidades eminentemente espiritistas. A experiência de outras religiões no passado demonstrou que este não é o melhor método de divulgar o pensamento filosófico de Jesus, porque inevitavelmente passamos a elaborar separatismos desnecessários. Acredito, pessoalmente, que este ensino, conforme se vem dando, não atenderá a tradicional metodologia e a pedagogia ancestral, que foram trabalhadas com finalidades profanas. Na colocação do pensamento espírita, estes ensinos obedecerão a outros métodos, que facultarão o melhor entendimento do indivíduo sem que haja um tipo de currículo, um tipo de disciplina, um tipo de classes e, naturalmente, as diferenciações promocionais, a oferta de títulos universitários, teológicos ou de outra natureza, aos espiritistas que deverão primar pela sua transformação moral e numa abrangência intelecto-moral.

4 – No Mundo espiritual, há um movimento organizado pelos espíritas desencarnados, semelhante ao que desenvolvemos na Terra? Dividem-se os Espíritos entre as tarefas de acordo com a sua crença religiosa?

Divaldo: Segundo tenho podido constatar, a Terra continua sendo a cópia da realidade do Mundo espiritual.

Os indivíduos reúnem-se não apenas pela convicção religiosa, mas também nacional, linguística, da última existência ou das penúltimas, aí continuando em grupamentos em que se estuda o pensamento do Cristo, dentro das suas antigas teologias, avançando para uma visão cósmica na qual todos se amarão, entendendo profundamente a palavra do Senhor, sem os divisionismos que se fizeram necessários em decorrência do processo de evolução dos indivíduos na Terra.

Tenho feito viagens espirituais e encontrado estes grupos étnicos, religiosos, linguísticos, como se estivessem na Terra, mas também tenho tido ocasião de visitar lugares onde estas barreiras e discriminações foram superadas e os indivíduos amam com devotamento a Jesus, sem qualquer resquício evocativo das características terrenas. Já são faixas espirituais mais elevadas.

5 – Observa-se algumas vezes entre os adeptos do Espiritismo uma postura tradicionalmente religiosa na maneira de entender e de se relacionar com a Doutrina Espírita. Este entendimento dá margem a problemas dentro do Movimento Espírita, como a ritualização de certas práticas, abuso de poder nas hierarquias, e outras dificuldades. Tendo em vista os entraves que a cultura religiosa ancestral criou no pensamento humano, é correto buscar compreender o Espiritismo em primeiro lugar como uma ciência e filosofia, muito mais próximo das outras ciências do que das religiões tradicionais? Poderia o Movimento Espírita organizar-se segundo esta ideia?

Divaldo: Vivemos um momento de ásperas transformações, e o Movimento Espírita vem tentando encontrar o melhor caminho em um povo como o nosso, com tradições místicas herdadas dos nossos ancestrais. A visão religiosa da doutrina colocou-se como prioritária, por atender mais de imediato os grandes sofrimentos morais, econômicos, sociais, emocionais que vergastam a nossa sociedade.

Uma visão de um Espiritismo sob o ângulo científico é muito válida para aqueles indivíduos que têm uma formação acadêmica e que se possam dedicar a experiências que confirmem todos os fatos que desde Allan Kardec já foram constatados. O que me parece deveria prevalecer ao invés da ritualística que lentamente vai sendo introduzida e aceita por desconhecimento da doutrina, é que se levasse em consideração a proposta filosófica de uma visão ampla, de uma observação cuidadosa dos fatos da vida e de como o Espiritismo os explica e orienta, ensejando, deste modo, um comportamento ético-moral saudável, no qual a consequência religiosa é inevitável, mas não as fórmulas que caracterizam as religiões, apresentando-se como seitas que já estão totalmente superadas.

Esta preocupação é muito válida, porquanto periodicamente surgem indivíduos em torno dos quais formam-se grupos, indivíduos portadores de mediunidade, nobre ou não, mas mediunidade, que não poucas vezes tornam-se líderes esquisitos e esdrúxulos, com comportamentos alienados, procurando apresentar propostas de exaltação do seu ego e gerando à sua volta uma mística que infelizmente vem desaguando em determinadas posturas incompatíveis com o Espiritismo, como o casamento espírita, etc.

6 – Alguma consideração especial ao Movimento Espírita paranaense?

Divaldo: Aprendemos com os Espíritos nobres que fora da Codificação não há Espiritismo. As obras de todos os investigadores que vieram durante e após Allan Kardec, fazendo abordagens em torno da doutrina, são valiosas, como contribuição de colaboradores que apresentam uma ajuda subsidiária de amplitude e desenvolvimento daquilo que Allan Kardec, com muita propriedade, sintetizou nas obras básicas que servem de estrutura para a preservação da doutrina.

As informações mediúnicas que vieram após, através de médiuns nobres e missionários, são ainda o desdobramento daquelas bases profundas, atualizando-as de acordo com a época em que chegam essas informações.

Estudar Allan Kardec para poder vivenciar o Evangelho de Jesus, conforme o viveram ele e seus primeiros discípulos, é o grande desafio para todos nós, espíritas, que desejamos ser fiéis à própria doutrina, à nossa consciência e à consciência cósmica.

Assim pensando, esta tem sido a conduta do Movimento Espírita paranaense, que se tem mantido fiel à Codificação, conforme a herdamos do egrégio mestre de Lyon. Preservar, portanto, o trabalho de divulgação doutrinária corretamente, sem os infelizes desvios que se observam em alguns setores do nosso Movimento, é dever que nos impomos, aqueles que prometemos fidelidade ao Espiritismo.

23
Programa Televisivo
O Espiritismo Responde
União Regional Espírita 7ª Região

Maringá (PR), em 21.03.2007
Período de Transição

*E*spiritismo Responde – *Os Espíritos nobres têm falado sobre os momentos de transição que a Terra está passando. O que caracteriza esses momentos?*

Divaldo Pereira Franco – São as convulsões sociais que se derivam dos distúrbios morais. Nesses distúrbios morais-sociais nós geramos uma psicosfera doentia. Fala-se de que a ecologia está alterada, a nossa atmosfera está carregada de gases destrutivos, de que estamos vivendo momentos em que a água vai entrar em escassez, porque apenas 2% da água do mundo é potável... Fala-se de tudo isso, e mais dos tsunamis, das erupções vulcânicas... Tudo isso faz parte de um grande conjunto que constitui a transição.

Realmente, a nossa mente transformada em instrumento de prazer, de violência, gera também convulsões geológicas. A mudança e a sustentação das placas tectônicas que produzem esses tremendos maremotos, esses tsunamis podem também ser provocadas pelos distúrbios mentais dos habitantes do planeta.

A Terra tem que se transformar do ponto de vista geológico para albergar Espíritos mais elevados. Há uma evolução correspondente do planeta, ao mesmo tempo que ocorre a sociológica, moral, produzindo outras variantes. Se reflexionarmos em torno da sociedade como um todo, vemo-la terrivelmente fragmentada.

Observemos, por exemplo, as religiões. As doutrinas religiosas, em vez de marcharem para a união, avançam para a competição, odeiam-se reciprocamente, em nome de Deus que é todo amor. É um paradoxo!

A política é cada dia mais arbitrária. A sede de dominação e de totalitarismo continua no mundo de hoje, como no tempo mais recuado da nossa vida na Antiguidade oriental. As propostas de natureza sociológica não saem do papel, quase nunca são aplicadas.

A violência urbana toma conta do mundo. Por quê? Porque o indivíduo é violento. Então, a cura, a terapêutica, será, infelizmente, essa grande mudança que se está dando mediante a dor, impondo-nos a transformação espiritual através da nossa modificação interior. Muitos dizem: "Nós necessitamos de leis justas". A maioria das leis é elaborada dentro dos códigos da justiça, mas essas leis feitas e aplicadas a pessoas violentas e viciosas, favorecem a impunidade, a eleição do poderoso em detrimento daquele que é fraco. É necessário trabalhar-se o indivíduo, como disse Allan Kardec, sendo hoje melhor do que ontem, amanhã melhor do que hoje e lutando sempre contra as suas más inclinações.

ER – Apesar dos momentos difíceis que a Humanidade está vivenciando, vemos um número muito grande de pessoas indiferentes ao que está acontecendo, sem religio-

sidade, sem solidariedade, simplesmente deixando a vida passar.

Quais são as consequências dessa passividade? O que será capaz de despertá-las?

Divaldo – A dor é o clarim que nos desperta a todos. No estudo da Psicologia, nos vários níveis da evolução da consciência, a primeira fase é a chamada de consciência de sono. A pessoa é apática emocionalmente. Pode possuir muita inteligência, muito conhecimento, mas é indiferente ao que acontece com os outros. É uma consciência adormecida, egoica, somente se interessando pelo que é seu, enquanto que os outros não têm nenhum sentido no conjunto social.

Esta é uma fase da evolução, porque logo depois passa-se à consciência desperta. Mas, isso ocorre através do sofrimento. Esse indivíduo sempre pensa que a morte, a miséria, o câncer apenas atacam o vizinho. Mas, como o vizinho pensa a mesma coisa, vai chegar a vez de ele ser atacado, aí então ele desperta e exclama: "Por que Deus fez isso comigo? Por que eu?".

É comum sempre se perguntar: "Mas, por que comigo?" A pergunta deveria ser: "Por que não comigo?" Porque todos somos iguais. Todos experimentamos as mesmas vicissitudes. Por que uns sim e outros não? Então essas pessoas apáticas, indiferentes, serão sacudidas como estamos sendo todos, pelos sofrimentos: a depressão, o distúrbio do pânico, as inquietações, o vazio existencial, os cânceres e tantas outras enfermidades.

Mantendo-se essa indiferença, a mesma revela um transtorno patológico. O indivíduo já não tem sensibilidade, o que é uma das primeiras características da depressão, graças à falta de serotonina e de noradrenalina. A pessoa que está indiferente não tem afeto pelos seres antes mais amados... Essa depressão hoje é de natureza pandêmica.

ER – Numa atitude muito feliz, você lançou a campanha "Você e a Paz". Como está essa campanha? Já é possível identificar os resultados?

Divaldo – Sim, e quase que de imediato No ano atrasado, tivemos uma emoção incomum, porque conseguimos arrastar à praça pública mais de 20.000 pessoas. Às vésperas do Natal, às 18h de um dia de semana, com todo o comércio trabalhando. Isto tem um sentido muito elevado. Quando terminamos o ato público, o comandante da Polícia Militar da Bahia chamou-me para uma campanha que ele estava iniciando. Qual era a campanha? Ele colocou um pequeno adesivo em todos os veículos da Polícia Militar e do Corpo de Bombeiros com a seguinte inscrição – "Este é o Ano da Paz."

São mais de 30.000 militares que em todos os veículos conduzem o adesivo da Campanha, do Movimento Você e a Paz. Achei isso incomparável, porque, normalmente, a polícia é repressiva. Com essa atitude do Sr. comandante, estamos avançando para criar uma polícia educativa, arrancando as raízes do mal, e não somente combatendo-lhe as consequências.

Tivemos ocasião de dialogar com um grande traficante de drogas, de um dos bairros mais perigosos de Salvador, que abandonou o hediondo trabalho depois de ouvir-me. Ele foi ouvir-me em uma escola, no seu bairro, posteriormente na praça pública e comoveu-se.

Quando eu desci do palanque, ele me perguntou chorando: "E agora, o que eu faço da minha vida?"

Respondi-lhe: "Vai trabalhar como qualquer cidadão."
"E quanto vou ganhar?"
Eu respondi-lhe: "Um salário mínimo, porque você não sabe fazer quase nada."
Ele riu, e respondeu-me : "Mas, isso eu ganho em alguns minutos."
Redargui-lhe: "Com a morte da alma de muita gente, para muitos anos, não é verdade? Somente que você não tem esse direito. Deus não o criou para ser um criminoso de almas, porque o assassino comum mata o corpo, mas o vendedor de drogas mata a alma, sendo um terrível covarde que fica escondido, destruindo vidas, não sendo usuário, o que é ainda mais perverso."

Consegui-lhe o primeiro trabalho. Atualmente, está numa atividade remunerada, é um cidadão e está tentando arrancar do ofício nefasto outros traficantes, seus conhecidos.

Porém, o mais fascinante é que nós lançamos o Movimento "Você e a Paz" em Paris, no ano passado, em maio. Lançamo-lo, também, em Portugal, em Coimbra, igualmente no ano passado, e iremos apresentá-lo também em outros países.

Aqui, no Brasil, já temos uma grande quantidade de cidades que o estão realizando. Lamentavelmente, o tempo de que disponho não me permite estar em todos, mas já o temos no Paraná, em Santa Catarina, e vamos seguindo muito bem.

ER – Jesus orientou para se viver no mundo, sem ser do mundo. Podemos identificar nessa orientação um convite para se viver em paz, apesar da violência que cerca o homem?

Divaldo – Isto é o que Gandhi nos ensinava, seguindo o exemplo de Jesus. Ele teve ocasião de dizer que lamentava muito os cristãos. Porque os cristãos têm uma Bíblia de 400 páginas, que leem, meditam e não lhes adianta muito.

Ele leu apenas o Sermão da Montanha, as doze linhas de São Mateus e mudou a sua vida. Concluiu afirmando: "Eu amo a Cristo, mas tenho muito medo dos cristãos, porque não respeitam o Cristo".

Como consequência, ele elegeu a não violência, porque a não violência proporciona paz. A pessoa não violenta é pacífica, é pacifista e é pacificadora, porque no seu íntimo tem segurança.

Certa feita, um dos secretários de Segurança Pública do Estado da Bahia levou-me a um presídio da cidade para que eu realizasse uma palestra. Colocou todos os criminosos em uma área amuralhada e assistidos por policiais armados de metralhadora. Então, eu lhe disse: "Secretário, como eu vou falar de paz e de amor com essas metralhadoras?"

Ele retrucou: "Divaldo, isto é para nossa segurança, porque é um risco aqui estarmos. Temos que cuidar da nossa vida, pois que, do contrário, poderemos ficar aqui sequestrados."

Respondi-lhe sorrindo: "Então o Sr. sai e eu fico. Se eu falarei sobre a paz, tenho que acreditar nela. Se eu prego o amor, tenho que confiar nele. É claro que eu não quero ficar aqui no Natal, sequestrado. Mas tenho que provar aos que irão ouvir-me, que não tenho medo deles ou daquilo que os torna infelizes, graças à tranquilidade que devo possuir".

Ele obtemperou: "Nós não podemos tirar a polícia".

Ao que eu sugeri: "Mas, pelo menos, pode manter uma vigilância mais discreta".

Ele me atendeu e eu comecei dizendo para os 200 encarcerados: "Vocês não estão aqui obrigados. Fiquem se quiserem. Mas, antes de resolver se ficam ou se saem, deem-me dois minutos, exatamente dois minutos".

E contei-lhes uma história de humor. Eles riram muito.

A partir daí, expliquei-lhes: "Agora, irei falar-lhes sobre algo mais sério, que merece reflexão".

Fiquei muito tempo conversando com eles.

Alguns começaram a ler as obras espíritas, e criamos um núcleo dentro da casa de detenção.

É necessário que a nossa paz resista à perturbação de fora, porque senão é uma paz ilusória.

Jesus disse: "Eu vos dou a minha paz. Não como o mundo a dá, mas como somente eu a posso dar". Qual é a paz do Cristo? Sócrates afirmava: "A consciência tranquila, a palavra reta e os atos corretos."

Quando estamos em paz mentalmente, não temos vergonha do passado, não temos medo de acusações, podendo enfrentar as pessoas com tranquilidade, o que demonstra nossa paz. Pensemos, então, retamente, falemos de maneira correta e ajamos de forma saudável.

ER – Muitas são as pessoas que já têm consciência da necessidade de conquistar virtudes. Reconhecem as suas ações equivocadas e a necessidade de mudanças para conquistar a felicidade, mas não conseguem mudar. O que você diria a essas pessoas que estão no propósito de mudar e não conseguem?

Divaldo – Que insistam nos bons propósitos. Tudo são hábitos. Um grande pedagogo disse: "Educar é criar hábitos saudáveis." Quem não tem bons, tem maus hábitos. Como estamos com hábitos arraigados, que chamamos viciosos ou negativos, para instalarmos hábitos novos, deveremos repeti-los até que se fixem. Se insistirmos nos bons hábitos, mesmo que caindo para levantar, como diz o Evangelho, se tentarmos sempre criamos uma nova adaptação, em breve, agiremos corretamente sem nos darmos conta.

Como é que educamos a criança a falar corretamente? Ela diz a palavra equivocada e corrigimo-la com a palavra certa. A criança sorri. Repete errado. Voltamos a dizer certo. Automaticamente se lhe inscreve na mente o termo e, mais tarde, passa a falar corretamente. Nos atos morais assim também ocorre.

Allan Kardec, quando consultou os Espíritos, conforme a questão 919, de *O Livro dos Espíritos*, perguntou-lhes: "Qual o meio prático mais eficaz que tem o homem de se melhorar nesta vida e de resistir a atração do mal"? E a resposta foi profunda: "Um sábio da Antiguidade já vo-lo disse: Conhece-te a ti mesmo".

Fazer a viagem para dentro, para o íntimo, examinar os próprios limites, ser humilde perante si mesmo, autoperdoar-se, constituem o caminho do autoconhecimento. Todos temos o direito de errar, mas não o de permanecer no erro. Temos que nos levantar. Cair é um fenômeno natural. Todos caem. Ficar deitado, porém, é um fenômeno de acomodação.

Então, digamos aos corações amigos que pretendem mudanças, que essas somente se dão pela repetição, pelo exercício, sem desânimo, até o último instante.

Crianças Índigo e Cristal

ER – Um de seus mais recentes livros publicados tem por título "A Nova Geração: a visão espírita sobre as crianças índigo e cristal". Quem são as crianças índigo e cristal?

Divaldo – Desde os anos 70, aproximadamente, psicólogos, psicoterapeutas e pedagogos começaram a notar a presença de uma geração estranha, muito peculiar.

Tratava-se de crianças rebeldes, hiperativas que foram imediatamente catalogadas como crianças patologicamente necessitadas de apoio médico. Mais tarde, com as observações de outros psicólogos chegou-se à conclusão de que se trata de uma nova geração. Uma geração espiritual e especial, para este momento de grande transição de mundo de provas e de expiações que irá alcançar o nível de mundo de regeneração.

As crianças índigo são assim chamadas porque possuem uma aura na tonalidade azul, aquela tonalidade índigo dos *blue jeans* (Dra. Nancy Ann Tape).

O índigo é uma planta da Índia *(indigofera tinctoria)*, da qual se extrai essa coloração que se aplicava em calças e hoje nas roupas em geral. Essas crianças índigo sempre apresentam um comportamento *sui generis.*

Desde cedo demonstram estar conscientes de que pertencem a uma geração especial. São crianças portadoras de alto nível de inteligência, e que, posteriormente, foram classificadas em quatro grupos: artistas, humanistas, conceituais e interdimensionais ou transdimensionais.

As crianças cristal são aquelas que apresentam uma aura alvinitente, razão pela qual passaram a ser denominadas dessa maneira.

A partir dos anos 80, ei-las reencarnando-se em massa, o que tem exigido uma necessária mudança de padrões metodológicos na pedagogia, uma nova psicoterapia a fim de serem atendidas, desde que serão as continuadoras do desenvolvimento intelecto-moral da Humanidade.

ER – Essas crianças não poderiam ser confundidas com as portadoras de transtornos da personalidade, de comportamento, distúrbios da atenção? Como identificá-las com segurança?

Divaldo – Essa é uma grande dificuldade que os psicólogos têm experimentado, porque normalmente existem as crianças que são portadoras de transtornos da personalidade (DDA) e aquelas que, além dos transtornos da aprendizagem, são também hiperativas (DTAH), mas os estudiosos classificaram em 10 itens as características de uma criança índigo, assim como de uma criança cristal.

A criança índigo tem absoluta consciência daquilo que está fazendo, é rebelde por temperamento, não fica em fila, não é capaz de permanecer sentada durante um determinado período, não teme ameaças...

Não é possível com essas crianças fazermos certos tipos de chantagem. É necessário dialogar, falar com naturalidade, conviver e amá-las.

Para tanto, os especialistas elegem como métodos educacionais algumas das propostas da doutora Maria Montessori, que criou, em Roma, no ano de 1907, a sua célebre *Casa dei Bambini*, assim como as notáveis contribuições pedagógicas do Dr. Rudolf Steiner. Steiner é o criador da Antroposofia. Ele apresentou, em Stuttgart, na Alemanha, os seus métodos pedagógicos, a partir de 1919, que foram chamados *Waldorf.*

A partir daquela época, os métodos *Waldorf* começaram a ser aplicados em diversos países. Em que consistem? Amor à criança. A criança não é um adulto em miniatura. É um ser que está sendo formado, que merece o nosso melhor carinho. A criança não é objeto de exibição, e deve ser tratada como criança. Sem pieguismo, mas também sem exigências acima do seu nível intelectual.

Então, essas crianças esperam encontrar uma visão diferenciada, porque, ao serem matriculadas em escolas convencionais, tornam-se quase insuportáveis. São tidas como DDA ou DTAH. São as crianças com déficit de atenção e hiperativas. Nesse caso, os médicos vêm recomendando, principalmente nos Estados Unidos e na Europa, a *Ritalina*, uma droga profundamente perturbadora. É chamada a droga da obediência.

A criança fica acessível, sim, mas ela perde a espontaneidade. O seu cérebro carregado da substância química, quando essa criança atinge a adolescência, certamente irá ter necessidade de outro tipo de droga, derrapando na drogadição. Daí é necessário muito cuidado.

Os pais, em casa (como normalmente os pais quase nunca estão em casa e suas crianças são cuidadas por pessoas remuneradas que lhes dão informações, nem sempre corretas) deverão observar a conduta dos filhos, evitar punições quando errem, ao mesmo tempo colocando limites. Qualquer tipo de agressividade torna-as rebeldes, o que pode levar algumas a se tornar criminosos seriais. Os estudos generalizados demonstram que algumas delas têm pendores artísticos especiais, enquanto outras são portadoras de grandes sentimentos humanistas, outras mais são emocionais e outras ainda são portadoras de natureza transcendental.

Aquelas transcendentais, provavelmente serão os grandes e nobres governantes da Humanidade no futuro.

As artísticas vêm trazer uma visão diferenciada a respeito do mundo, da arte, da beleza. Qualquer tipo de punição provoca-lhes ressentimento, amargura que podem levar à violência, à perversidade.

ER – Você se referiu às características mentais, emocionais dessas crianças. Elas têm alguma característica física própria? Você tem informação se o DNA delas é diferente?

Divaldo – Ainda não se tem, que eu saiba, uma especificação sobre ela, no que diz respeito ao DNA, mas acredita-se que, através de gerações sucessivas, haverá uma mudança profunda nos genes, a fim de poderem ampliar o neocórtex, oferecendo-lhe mais amplas e mais complexas faculdades. Tratando-se de Espíritos de outra dimensão, é como se ficassem enjauladas na nossa aparelhagem cerebral, não encontrando correspondentes próprios para expressar-se. Através das gerações sucessivas, o perispírito irá modelar-lhes o cérebro, tornando-o ainda mais privilegiado.

Como o nosso cérebro de hoje é um edifício de três andares, desde a parte réptil, à mamífera e ao neocórtex que é a área superior, as emoções dessas crianças criarão uma parte mais nobre, acredito, para propiciar-lhes a capacidade de comunicar-se psiquicamente, vivenciando a intuição.

Características físicas existem, sim, algumas. Os estudiosos especializados na área dizem que as crianças cristal têm os olhos maiores, possuem a capacidade para observar o mundo com profundidade, dirigindo-se às pessoas com certa altivez e até com certo atrevimento... Têm dificuldade em falar com rapidez, demorando-se para consegui-lo a partir dos 3 ou dos 4 anos. Entendemos a ocorrência, considerando-se que, vindo de uma dimensão em que a verbalização é diferente, primeiro têm que ouvir muito para criar o vocabulário e poderem comunicar-se conosco. Então, são essas observações iniciais que estão sendo debatidas pelos pedagogos.

ER – Com que objetivo estão reencarnando na Terra?

Divaldo – Allan Kardec, com a sabedoria que lhe era peculiar, no último capítulo do livro *A Gênese*, refere-se à nova geração que viria de outra dimensão. Da mesma forma que no tempo do *Pithecanthropus erectus* vieram os denominados *Exilados de Capela* ou de onde quer que seja, porque há muita resistência de alguns estudiosos a respeito dessa tese, a verdade é que vieram muitos Espíritos de outra dimensão. Foram eles que produziram a grande transição, denominada por Darwin como o *Elo Perdido*, porque aqueles Espíritos que vieram de uma dimensão superior traziam o perispírito já formado e plasmaram, nas gerações imediatas, o nosso biótipo, o corpo, conforme o conhecemos.

Logo depois, cumprida a tarefa na Terra, retornaram aos seus lares, como diz a Bíblia, ao referir-se ao anjo que se rebelara contra Deus – Lúcifer.

Na atualidade, esses lucíferes voltaram. Somente que, neste outro grande momento, estão vindo de Alcíone, uma estrela de 3.ª grandeza do grupo das plêiades, constituído por sete estrelas, conhecidas pelos gregos, pelos chineses antigos e que fazem parte da Constelação de Touro.

Esses Espíritos vêm agora em uma missão muito diferente dos capelinos.

É claro que nem todos serão bons. Todos os índigos apresentarão altos níveis intelectuais, mas os cristais serão, ao mesmo tempo, intelectualizados e moralmente elevados.

ER – Já que eles estão chegando há cerca de 20, 30 anos, nós temos aí uma juventude que já está fazendo diferença no mundo?

Divaldo – Acredito que sim. Podemos observar, por exemplo, e a imprensa está mostrando, neste momento, gênios precoces, como o jovem americano Jay Greenberg considerado como o novo Mozart. Ele começou a compor aos quatro anos de idade. Aos seis anos, compôs a sua sinfonia. Já compôs cinco. Recentemente, foi acompanhar a gravação de uma das suas sinfonias pela Orquestra Sinfônica de Londres para observar se não adulteravam qualquer coisa.

O que é fascinante neste jovem, é que ele não compõe apenas a partitura central, mas todos os instrumentos, e quando lhe perguntam como é possível, ele responde: "Eu não faço nenhum esforço, está tudo na minha mente".

Durante as aulas de matemática, ele compõe música. A matemática não lhe interessa e nenhuma outra doutrina qualquer. É mais curioso ainda, quando afirma que o seu cérebro possui três canais de músicas diferentes. Ele ouve simultaneamente todas, sem nenhuma perturbação. Concluo que não é da nossa geração, mas que veio de outra dimensão.

Não somente ele, mas muitos outros, que têm chamado a atenção dos estudiosos. No México, um menino de seis anos dá aulas a professores de Medicina e assim por diante... Fora aqueles que estão perdidos no anonimato.

ER – O que você diria aos pais que se encontram diante de filhos que apresentam essas características?

Divaldo – Os técnicos dizem que é uma grande honra tê-los e um grande desafio, porque são crianças difíceis no tratamento diário. São afetuosas, mas tecnicamente rebeldes. Serão conquistadas pela ternura. São crianças um pouco destrutivas, mas não por perversidade, e sim por curiosidade.

Como vêm de uma dimensão onde os objetos não são familiares, quando veem alguma coisa diferente, algum objeto, arrebentam-no para poder olhar-lhes a estrutura.

São crianças que devemos educar apelando para a lógica, o bom-tom. A criança deve ser orientada, esclarecida, repetidas vezes.

A Veneranda Joanna de Ângelis

Voltarmos aos dias da educação doméstica, quando nossas mães nos colocavam no colo, falavam conosco, ensinavam-nos a orar, orientavam-nos nas boas maneiras, nas técnicas de uma vida saudável, nos falavam de ternura e nos tornavam o coração muito doce, são os métodos para tratar as modernas crianças, todas elas, índigo, cristal ou não.

Disponível em: <http://www.jornaldosespiritos.com/2007.3/entrevista2.htm>. Acesso em: janeiro de 2011.

Chico Xavier e Divaldo Franco

24
Informativo *Note Bem*
Centro Espírita Dr. Bezerra de Menezes
Santo André (SP) – Fevereiro de 2008

Informativo Note Bem – Como o senhor vê o Espiritismo nos dias atuais? O senhor concorda que o Espiritismo precisa atualizar-se?
Divaldo Franco – A divulgação do Espiritismo na atualidade atinge o seu momento mais significativo, em face do apoio oferecido pelos órgãos de informação de massa. Em todos os veículos da mídia o Espiritismo desfruta de prestígio, em razão da seriedade da sua proposta filosófica, científica e religiosa, assim como também do comportamento das pessoas que lhe aderem aos ensinamentos, lutando sempre pela sua transformação moral para melhor.

Não concordo com alguns desvarios de pessoas mal-informadas, que não estudaram o Espiritismo com a gravidade que ele impõe, e sugerem que os seus postulados necessitem de atualização.

Vem ocorrendo exatamente o contrário, que através de eminentes estudiosos, após pesquisas honoráveis, chegam às mesmas conclusões que se encontram exaradas na Doutrina Espírita.

INB – Existe uma "Elite Espírita"?

DF – O Espiritismo, restaurando a pulcritude do Evangelho de Jesus, proclama a humildade e o comportamento saudável, repetindo que, todo aquele que deseja ser o maior, faça-se o servo do seu irmão menor. Desse modo, falar-se em elite espírita não passa de uma análise conflitiva em torno da conduta dos outros, por decorrência de observação imperfeita.

INB – Fale um pouco sobre os últimos lançamentos como O Encontro com a Paz e a Saúde.

DF – Dando prosseguimento ao que denominamos a *série psicológica* de autoria do Espírito Joanna de Ângelis, o *Encontro com a Paz e a Saúde,* é uma proposta oportuna e atual, oferecendo subsídios para que se possam entender os grandes desafios do momento, particularmente no que diz respeito ao processo da evolução antropológica e dos conflitos existenciais que dificultam o avanço do ser na direção da plenitude.

Estudando a autopiedade e outras expressões depressivas da personalidade, a nobre mensageira convida ao equilíbrio, através da paz interior, da qual resultará a saúde integral.

INB – O senhor poderia falar-nos sobre o nosso querido e saudoso Chico Xavier?

DF – Nada além do profundo respeito que mantenho em relação à memória e à vida ímpar do venerável apóstolo da mediunidade, que prossegue como exemplo para todos nós que rumamos à sua retaguarda...

INB – Qual a sua visão sobre o aquecimento global? É necessário que isso aconteça?

DF – Estou de pleno acordo com as informações dos estudiosos do tema e com as suas preocupações, porque a nossa invigilância está matando o planeta, ameaçando a vida de inúmeros espécimes, vegetais e animais, e assim, prosseguindo, avançando para a sobrevivência humana no orbe sob injunções muito penosas no futuro.

Infelizmente, em face da arrogância que a caracteriza, a criatura humana ainda não aprendeu a comportar-se bem e eticamente através do amor, sendo-lhe necessário o aguilhão do sofrimento para melhor entender os seus compromissos em relação à vida, à Natureza, ao seu próximo e a si mesma.

INB – Na sua opinião, Deus é a resposta para todos os males que afligem a Humanidade?

DF – Sem a menor dúvida! Quando confiamos em Deus e estamos atentos às Soberanas Leis que vigem no Universo, logo adquirimos a consciência das nossas responsabilidades perante a vida e todas as ocorrências.

Tendo-nos Ele enviado Jesus como o Caminho de acesso à plenitude, descobrimos nos Seus ensinamentos o roteiro de segurança para o êxito de quaisquer empreendimentos e, graças ao Espiritismo, oferecendo-nos a Lei de Causa e Efeito, mais logicamente dispomos dos elementos para a conduta saudável e a solução de todos os males que nos afligem pessoalmente, assim como à Humanidade.

INB – Se o senhor fosse presidente da República quais seriam as suas primeiras atitudes para atenuar o sofrimento das comunidades mais carentes?

DF – Não me posso imaginar em situação de tal natureza, por isso não disponho de programas que possam mudar as dores atuais das comunidades mais carentes. No entanto, na condição de cidadão, e de espírita em particular, dedico-me à educação por acreditar que, através de um processo civilizatório com base em mecanismos educativos nobres, conforme conceitua o egrégio codificador, nos comentários à questão 685, de *O Livro dos Espíritos*, a educação, além daquela que é oferecida pelos livros, a de natureza moral, é a solução para os problemas do egoísmo, da crueldade, geradores das misérias de variadas denominações.

INB – A violência que hoje assusta a população mundial, sobretudo no Brasil, é fruto de quê?

DF – A Terra ainda é um planeta de provas e expiações, avançando para mundo de regeneração. Assim o é, porque aqueles que a habitamos ainda somos Espíritos atrasados, assinalados, na grande maioria, pelos impulsos do primarismo de onde procedemos. Ao lado desse fato de natureza espiritual evolutiva, registramos aqueles de natureza socioeconômica, sociomoral, patológica, e, sobretudo das injustiças sociais. A solução para a agressividade e a violência é o amor, trabalhando leis dignificadoras em favor do progresso geral e do engrandecimento moral dos indivíduos.

Disponível em: <http://www.divaldofranco.com/noticias.php?not=87>. Acesso em: dezembro de 2010.

25
Revista Eletrônica
O Consolador
Ano 1 – N° 51 – 13 de abril de 2008

Para comemorar o primeiro aniversário de nossa revista, nada melhor que uma entrevista especial concedida por Divaldo Franco, um amigo dileto que incentivou o projeto de criação desta revista antes mesmo do seu lançamento, ocorrido em 18 de abril do ano passado.
Orson Peter Carrara e Astolfo O. de Oliveira Filho, todos residentes no Brasil, e as confreiras Elsa Rossi, Claudia Werdine e Katia Fabiana Fernandes, radicadas na Europa.
A entrevista foi dividida em três blocos: temas de natureza doutrinária, questões e problemas da atualidade e assuntos pertinentes ao Movimento Espírita.
Ei-la, a seguir, na íntegra:

O Consolador – Nossos animais de estimação ficam por algum tempo numa espécie de Erraticidade, no chamado Mundo espiritual, ou são de imediato encaminhados a uma nova encarnação?

Divaldo: O egrégio codificador do Espiritismo informa-nos que o período em que os animais se demoram na Erraticidade é breve, logo retornando à reencarnação. Nada obstante, a mediunidade vem demonstrando que ocorrem períodos mais longos, conforme encontramos narrações nas obras ditadas pelo Espírito André Luiz ao venerando médium Francisco Cândido Xavier, assim como Charles à nobre médium Yvonne do Amaral Pereira. Essas informações não colidem com a palavra do mestre de Lyon, porque o desdobramento dos estudos doutrinários estava previsto por ele, ampliando as informações contidas nas obras básicas.

Recordo-me, por exemplo, de Sultão, o cão que acompanhava o padre Germano, conforme narrado nas *Memórias do Padre Germano*, de Amalia Domingo Soler, e da vida de Dom Bosco, que era defendido por um cão, nas diversas vezes em que atentaram contra a sua vida.

Pessoalmente, já tive diversas experiências com animais, especialmente cães desencarnados, que permanecem na Erraticidade há algum tempo.

O Consolador – Para haver gravidez, independentemente do desejo dos pais e do reencarnante, existe necessidade de autorização das autoridades espirituais?

Divaldo: Certamente que sim, porquanto no mapa da reencarnação dos futuros pais já se encontram delineados os filhos que devem, que podem ou que queiram ter. Graças a isso, ocorrem as facilidades na concepção ou os grandes impedimentos que vêm sendo vencidos pela ciência, através dos tempos, facultando a ocorrência, sempre sob supervisão espiritual.

O Consolador – Você acha válida a proposta de Kardec pertinente à atualização periódica dos ensinamentos espíritas, tendo em vista o avanço da Ciência? Se acha válida, como devemos implementar essa medida?

Divaldo: Creio que o pensamento do preclaro codificador encontra-se firmado no seu bom senso e na percepção dos notáveis avanços que teriam a Ciência e a Tecnologia do futuro, conforme vem ocorrendo. Em razão disso, propôs que, pelo menos uma vez em cada quarto de século, fosse realizada uma atualização dos ensinamentos espíritas. Nada obstante, também me pergunto como isso seria realizado, por exemplo, na atualidade, com tantas correntes dissonantes em nosso Movimento, pelo menos no Brasil...

O Consolador – Em sua opinião, os Espíritos desencarnados mantêm relações sexuais tal qual se verifica na crosta?

Divaldo: Conforme a questão n.º 200 de *O Livro dos Espíritos,* o Espírito é, em si mesmo, assexuado, sendo-lhe a anatomia uma contribuição para o fenômeno da procriação. Ao desencarnar, no entanto, o Espírito mantém as suas tendências, especialmente aquelas de natureza inferior às quais aferrou-se em demasia, prosseguindo com as construções mentais que lhe eram habituais. Como resultado, acreditam-se capazes de intercursos sexuais nas regiões inferiores onde se encontrem, como efeito da condensação das energias viciosas no perispírito. Frustrantes e perturbadoras, essas relações são degradantes e afligentes, porquanto são mais mentais que físicas, dando lugar a processos de loucura e de perversão...

O Consolador – Como deve posicionar-se um casal espírita diante do diagnóstico de anencefalia no filho que se encontra na fase de gestação?

Divaldo: Espírita ou não, o casal que gera um filho anencéfalo e cuja anomalia é detectada ainda na vida fetal deve amar esse Espírito que irá reencarnar-se com a problemática a que faz jus em razão de atos praticados anteriormente e que lhe modelaram a forma atual. A vida fetal não pode ser interrompida, senão quando a gestante encontra-se ameaçada.

Diversos anencéfalos, mesmo diante dos prognósticos médicos de que não sobreviveriam ao nascimento, demoram-se despertando mais amor até o momento em que concluem o período de que necessitam para a libertação.

O Consolador – Qual deve ser, à luz do Espiritismo, a posição de uma jovem e sua família diante de uma gravidez originada de um estupro?

Divaldo: Embora lamentável e dolorosa a circunstância traumática da ocorrência, é dever da jovem e dos seus familiares manterem a gravidez, auxiliando o Espírito que se reencarna em situação aflitiva e angustiante. Compreende-se a dor da vítima e dos seus familiares, no entanto, não se tem o direito de matar o ser reencarnante que necessita do retorno naquela maneira, a fim de crescer para Deus. Não raro, esses seres que renascem nessa conjuntura tornam-se amorosos e profundamente agradecidos àqueles que lhes propiciaram o recomeço terrestre: a mãe e os familiares.

O Consolador – Como sabemos, a depressão é um problema que aflige muitas pessoas nos dias atuais. Em uma obra espírita recente, lemos que a depressão, em qualquer de suas variantes, é sempre consequência da posição de arrogância cultivada pelo ser na aventura de superar a si mesmo e aos semelhantes. É verdade essa informação?

Divaldo: Sem dúvida, anuímos que não há enfermidades, mas enfermos, isto é: o Espírito é sempre o incurso no processo de evolução, trazendo as marcas do passado que se manifestam como enfermidades ou processos outros degenerativos de que necessita para resgatar os comportamentos equivocados e infelizes. A culpa, consciente ou não, desempenha na depressão, entre outros fatores endógenos e exógenos, um papel de alta relevância. No entanto, centrar todas as causas na posição de arrogância do Espírito parece-me algo desproposital. Esse conceito deve ter as suas raízes na opinião dos estudiosos que afirmam tratar-se a depressão de um conflito que se deriva da necessidade de impor-se, de dominar, e, não conseguindo, o indivíduo tomba na armadilha do grave transtorno.

O Consolador – Se é verdade que o advento do mundo de regeneração está tão próximo, qual será a situação dos nossos amigos terrenos que ainda vivem tão primitivamente em tribos existentes em muitos lugares do mundo?

Divaldo: É verdade, sim, que o advento do mundo de regeneração está próximo, mas não imediato, e aqueles Espíritos que ainda se encontram em fase primitiva estão tendo a oportunidade de despertar para a realidade, dando continuidade ao processo evolutivo em outro planeta, caso não logrem fazê-lo aqui mesmo, qual ocorre periodicamente com as grandes migrações de um para outro sistema, conforme ensina a doutrina.

O Consolador – Se a Terra está em evolução, por que ainda tantos crimes hediondos acontecem, especialmente com crianças? Como explicar tantas atrocidades?

Divaldo: Vivemos o momento da grande transição de mundo de provas e de expiações para mundo de regeneração, que ainda se demorará ocorrendo por algum tempo na Terra.

É natural que estejam reencarnando, neste período, Espíritos inferiores que estavam retidos em regiões punitivas desde há muito, em face da crueldade de que são portadores. Muitos deles fizeram parte das tribos bárbaras que invadiram a Europa: hunos, godos, visigodos, normandos e que, agora, estão sendo beneficiados pela oportunidade de optar pelo Bem. Permanecendo vinculados ao primarismo em que se comprazem, serão exilados para outros planetas na escala dos mundos inferiores, a fim de se depurarem, retornando oportunamente, porque "o Pai não deseja a morte do pecador, mas sim a do pecado", conforme acentuou Jesus.

As atrocidades que sucedem amiúde, especialmente com crianças – Espíritos velhos em reencarnação libertadora – são também um convite à reflexão das demais pessoas, que marcham indiferentes aos acontecimentos dolorosos em relação ao seu próximo...

Resgatando os seus graves delitos, esses Espíritos não necessitariam que outros fossem o instrumento da sua libertação, pois a Divindade possui mecanismos especiais que dispensam o concurso desses infelizes, mas se utiliza do seu estado primitivo para que se executem as propostas do progresso.

O Consolador – Como você vê a oficialização do casamento entre homossexuais e a adoção de filhos por parte deles?

Divaldo: A questão é momentosa, em face das ocorrências desse gênero que não mais podem permanecer ignoradas pela sociedade. O homossexualismo sempre esteve presente no processo histórico, aceito em um período, noutro combatido, desprezado em uma ocasião e noutra ignorado, mas sempre presente... Penso que se trata de uma conquista em relação aos direitos humanos a legalização de algo que permanecia à margem, dando lugar a situações graves e embaraçosas.

Quanto à adoção de filhos, penso que, do ponto de vista psicológico, será gerado algum conflito na prole em relação à imagem do pai ou da mãe, conforme o caso, que se apresentará confusa e perturbadora. O tempo demonstrará o acerto ou o equívoco de tal comportamento.

O Consolador – Qual deve ser o posicionamento dos espíritas em relação às pesquisas com células-tronco embrionárias?

Divaldo: A reencarnação, conforme nos ensina a Doutrina Espírita, tem início no momento da fecundação do óvulo, a partir de cujo momento passa a existir vida, seja pelo processo biológico natural, seja *in vitro*. Qualquer tentativa de interrupção do desenvolvimento do futuro zigoto, que é o ser humano em formação, constitui um crime.

As pesquisas com as células-tronco embrionárias são de resultado ainda incerto, embora se apresentem teoricamente positivas, porquanto não está comprovado que os resultados sejam os anelados, mesmo porque existe alto risco como a geração de tumores, provável rejeição...

Em face dos bons resultados conseguidos com as células-tronco adultas, é mais válido que se prolonguem as experiências, com menores riscos e excelentes resultados em doenças como a leucemia, o acidente vascular cerebral, etc.

Continuando os esforços dos pesquisadores, certamente hão de surgir alternativas tão benéficas como as que se esperam das células-tronco embrionárias.

O Consolador – O terrorismo vem causando muitos males em todos os cantos da Terra. Muitas vidas foram e continuarão sendo ceifadas em nome do fanatismo religioso. Como entender que alguém possa morrer e matar em nome de Deus?

Divaldo: Infelizmente, o fanatismo de qualquer natureza responde pela predominância da natureza animal sobre a natureza espiritual do ser (questão 742 de *O Livro dos Espíritos*), dando lugar a atrocidades inimagináveis. Entretanto, o suicídio através de bombas e de outras formas hediondas constitui o mais degradante processo de conduta em relação à dignidade humana, porque a vida física é sublime dom concedido por Deus, que ninguém tem o direito de interromper, porque faculta o desenvolvimento intelecto-moral do Espírito.

Tal comportamento demonstra o estágio primário em que ainda se reencarnam muitos Espíritos desvairados sem possibilidade de manter o equilíbrio...

O Consolador – Qual deve ser a atitude dos dirigentes espíritas relativamente a essa enxurrada de obras mediúnicas de origem duvidosa que tem infestado o mercado de publicações espíritas nos últimos tempos?

Divaldo: Vivemos um momento de grandes equívocos na sociedade, em face do tumulto que ocorre em toda parte. Nesse sentido, há uma grande busca por notoriedade, pela fama. Pessoas imprevidentes, portadoras ou não de mediunidade, são tomadas de improviso por tais inquietações e, porque entraram em contato com o Espiritismo, logo se acreditam portadoras de faculdades extraordinárias, em razão do campo fértil para a credulidade e tornam-se, de um para outro momento, psicógrafos, expositores, debatedores de relevo. Nunca será demais que os dirigentes espíritas e todos nós estejamos vigilantes, observando as recomendações da doutrina, mantendo critérios cuidadosos, a fim de não sermos enganados nem enganarmos a ninguém. Por outro lado, Espíritos perversos, adversários do Bem, aproveitam-se do descalabro existente e inspiram pessoas invigilantes, presunçosas, falsamente humildes, mas prepotentes, tornando-as portadoras de mensagens destituídas de autenticidade, que geram confusão e dificuldades no Movimento Espírita. Alguns desses descuidados irmãos autoelegem-se herdeiros de personalidades históricas e missionários do amor, utilizando-lhes indevidamente o nome, apropriando-se da sua herança para o exibicionismo no banquete da fatuidade, o que é realmente lamentável.

O Consolador – Como resgatar as velhas e boas sessões práticas de doutrinação de Espíritos desencarnados que tantos benefícios trouxeram a companheiros em dificuldade, na carne ou fora dela, em face da penúria de bons medianeiros com que se vêm defrontando nossos centros espíritas?

Divaldo: Penso que se torna inadiável o dever de voltarmos à simplicidade e à humildade, evitando-se as complexidades que ora se apresentam em torno da mediunidade, exigindo-se estudos úteis, indiscutivelmente, mas que se prolongam por vários anos, evitando-se o treinamento edificante e salutar.

Por outro lado, um expressivo número de pessoas recusa-se a servir de instrumento aos sofredores, aspirando ao contato com os anjos e serafins, sem se recordar de que a mediunidade está a serviço da consolação e da iluminação de consciências.

No silêncio do anonimato nas instituições espíritas, sem alarde nem divulgação, devem ser instalados os grupos sinceros de devotados servidores de Jesus, a fim de trabalharem em favor da doutrinação dos irmãos em sofrimento, por cujo meio ascendemos na direção do Servidor Incessante, que é Jesus.

O Consolador – Como despertar o interesse de jovens e adolescentes para o estudo da Doutrina Espírita?

Divaldo: O Espiritismo é, essencialmente, uma doutrina para jovens e adolescentes, tendo em vista o seu conteúdo iluminativo, de fácil aplicação no cotidiano e libertador de tabus e influências perniciosas. Esclarecendo a mente e confortando o sentimento, o Espiritismo fascina as mentes juvenis, convidando-as a reflexões demoradas e a comportamentos saudáveis.

Infelizmente, o exemplo dos pais no lar, nem sempre compatível com as lições ministradas pela Doutrina Espírita, constitui um grande impedimento para o estudo e a vivência dos postulados espiritistas por esses candidatos juvenis.

Tomando conhecimento da filosofia espírita e da necessidade de aplicação em todos os momentos, os jovens decepcionam-se no lar, quando verificam a diferença de comportamento dos pais, no que se refere àquilo em que dizem crer e a maneira pela qual se conduzem.

Desse modo, o exemplo no lar é de fundamental importância para o despertamento dos jovens e adolescentes para o estudo e a vivência do Espiritismo, ao mesmo tempo que instrutores jovens e sinceros tornam-se líderes em relação aos demais membros do grupo juvenil.

O Consolador – Em suas viagens pelos continentes, qual foi a situação que mais marcou sua vida?

Divaldo: As situações que mais me marcaram nas diferentes viagens ao exterior foi sempre poder constatar que nunca nos encontramos a sós. Em momentos muito difíceis em países onde o Espiritismo era totalmente desconhecido, não falando o idioma local, sempre fui inspirado a tomar as decisões acertadas, equacionadas as dificuldades momentâneas que me constituíam desafios. Jamais me faltou esse concurso dos Espíritos superiores, que me proporcionaram divulgar a Doutrina Espírita com dignidade nos mais variados pontos do planeta, deixando sempre marcas positivas, espaços abertos para os que chegaram ou se apresentarão depois.

O Consolador – Temos visto muitas práticas nas casas espíritas que causam dependência entre os frequentadores e trabalhadores, com hábitos desnecessários e muitas vezes místicos. A tolerância fraternal nos solicita compreender o estágio de instituições e confrades, uma vez que nós mesmos dela também temos necessidade. Devemos dizer a esses companheiros sobre a inutilidade de algumas práticas que possamos presenciar ou nos dedicarmos simplesmente a divulgar o correto Espiritismo?

Divaldo: Acredito que ambas as formas estão corretas. No entanto, considero que o amor que devemos dedicar à doutrina esteja acima das conveniências decorrentes das amizades e escrúpulos na abordagem das dificuldades que permeiam o nosso Movimento. Não raro, tais comportamentos inadequados que notamos em diversas casas espíritas são frutos da ignorância, do atavismo ancestral herdado de outras religiões, que são incorporadas às práticas espíritas. Desse modo, conversando com lealdade e em particular com os diretores da instituição, a nós nos cumpre o dever de orientar corretamente, apresentando a pulcritude do Espiritismo, de forma que sejam eliminados esses comportamentos doentios.

Como existem também aqueles indivíduos que se acreditam portadores do conhecimento integral e não aceitam a contribuição dos outros, ajamos conforme nos recomenda a consciência espírita, sem nos preocuparmos com as reações que venham a ocorrer. Como a nossa preocupação não deve ser a de agradar, mas a de esclarecer espiritualmente as criaturas, não receemos em ser leais à Codificação, mesmo quando tenhamos que pagar o ônus da incompreensão dos menos preparados doutrinariamente...

O Consolador – Muitos centros incentivam estudos intensos sobre romances e outras obras ditas como complementares em detrimento das obras da Codificação espírita. Que consequências doutrinárias esse comportamento poderá acarretar?

Divaldo: O dever básico do centro espírita é divulgar a doutrina conforme no-la ofereceu o egrégio codificador nas obras básicas e na Revista Espírita entre janeiro de 1858 a março de 1869. O estudo do Espiritismo deve ser realizado nas obras fundamentais. Aquelas que são complementares, por mais respeitáveis que se apresentem, são confirmações e ampliações das obras básicas nas quais se alicerça a Doutrina Espírita.

O Consolador – Como estudar romances, ditos espíritas, sem o conhecimento do Espiritismo, ou mergulhar o pensamento no desdobramento de propostas que são ignoradas na sua estrutura inicial?

Divaldo: Espiritizar os indivíduos, afirma-me o Espírito Joanna de Ângelis, é a tarefa de todos aqueles que divulgam o Espiritismo, especialmente na instituição que lhe ostenta o nome.

O Consolador – *Doutrina religiosa, sem dogmas propriamente ditos, sem liturgia, sem símbolos, sem sacerdócio organizado e sem rituais, ao contrário de quase todas as demais religiões, como entender a prática ou adoção de rituais no centro espírita?*

Divaldo: A presença de quaisquer práticas ritualísticas no centro espírita desfigura-lhe a condição de fidelidade à doutrina. Sendo o Espiritismo a religião cósmica do amor, não existem justificativas para quaisquer comportamentos supersticiosos e vinculados a outros credos, pois que proporciona a ligação da criatura com o Criador sem a necessidade de intermediários humanos ou circunstanciais, de pessoas ou de ritos extravagantes e desnecessários.

O Consolador – *Considerando-se que o Espiritismo é uma religião eminentemente educadora e que o Espírito reencarna para aperfeiçoar-se, você não acha que as atividades que visam à evangelização da criança não têm recebido o apoio na proporção da importância da tarefa?*

Divaldo: É de lamentar essa constatação em inúmeros centros espíritas. Acreditam os seus diretores que são imortais no corpo, sem a preocupação de preparar as novas gerações para os substituírem, tanto quanto trabalhar a criança, a fim de produzir uma sociedade feliz, sem vícios nem conflitos, que o Espiritismo dirime e equilibra.

Esse infeliz comportamento traduz a ignorância em torno da educação, que mereceu do insigne Allan Kardec, o nobre educador, páginas de relevante beleza.

Educar a criança de hoje é dever inadiável, a fim de não se ter que punir o cidadão do futuro, conforme o pensamento de nobre filósofo grego...

O Consolador – *Nota-se que há no meio espírita um verdadeiro movimento iconoclasta que tem tachado pejorativamente de conservadores, de donos da verdade e de censores todos aqueles que se preocupam com a manutenção do nível de equilíbrio, de sobriedade, de fidelidade doutrinária. Será que esse movimento mundial de questionamento de padrões éticos, que surgiu nas últimas décadas do século XX, está chegando ao Movimento Espírita?*

Divaldo: Vivemos o momento da grande transição e é natural que ocorram fenômenos dessa natureza, especialmente quando se trata da preservação dos valores ético-morais da sociedade. O tédio emocional decorrente da exaustão dos sentidos no gozo da inutilidade e das paixões subalternas rebela-se contra tudo quanto invita à reflexão, à preservação do bom, do nobre, do belo, convidando à rebelião, às mudanças, na busca de novos estímulos para a sobrevivência daqueles que se lhe fazem vítimas.

O Espiritismo é doutrina grave e profunda, que não se adapta às novidades com que muitos desejam mascará-lo, de modo a permanecerem na futilidade e no sensacionalismo.

Aqueles espíritas sérios que zelam pela preservação dos valores doutrinários sobreviverão aos modismos, porque a doutrina permanecerá conforme a recebemos de Allan Kardec e dos nobres Espíritos que a codificaram e a desdobraram através dos anos.

O Consolador – *Um fato bem peculiar em grande parte da Europa é a existência de grupos espíritas fundados e mantidos por brasileiros, cujos trabalhadores e frequentadores são em sua maioria brasileiros. Poucos grupos conseguiram despertar nos europeus a vontade de aprender mais sobre a Doutrina Espírita, no seu tríplice aspecto. O que está faltando?*

Divaldo: Acredito que essa é a fase inicial, decorrência natural da dificuldade de alguns grupos ainda não realizarem atividades no idioma do país em que se encontram. Por outro lado, a falta de livros traduzidos para os diversos idiomas – e que vem sendo solucionado pelo CEI com muita eficiência – também contribui para o desinteresse dos nacionais.

Esse esforço dos brasileiros é valioso sob todos os aspectos considerados: sustenta-lhes a fé, ajuda o seu próximo e oferece oportunidade de conhecer o Espiritismo àquele que, por acaso, venha a se interessar.

Esse fenômeno ocorreu também com o Cristianismo em Roma, convém lembrar. Ademais, conheço excelentes grupos na Europa que estão encontrando ressonância entre os nascidos nos países em que se encontram fixados. Aguardemos, confiantes, auxiliando esses admiráveis desbravadores.

O Consolador – Como conseguir estreitar mais estes laços e, por conseguinte, contar com a participação dos europeus nas atividades espíritas?

Divaldo: A questão é delicada, especialmente em se considerando que o Espiritismo não é doutrina que impõe, mas que expõe. O europeu, em geral, exceção aos da Península Ibérica, onde o Movimento Espírita encontra-se muito bem organizado e difundido, sofreu muitas guerras, experimentou muitas dificuldades, cansou-se da fé religiosa que lhe foi oferecida e vive um período de agnosticismo, senão de materialismo, em alguns disfarçado em postura religiosa vazia de religiosidade...

Com os esforços que vêm sendo envidados pelas sociedades que estão conseguindo registros oficiais e do CEI, confiamos que haverá mais estreitamento entre os brasileiros e os europeus que simpatizam com o Espiritismo.

O Consolador – Quando gostamos muito de uma coisa, é natural que queiramos compartilhá-la. Por que evitarmos o proselitismo, se estamos plenamente convencidos de que o Espiritismo seria tão benéfico e consolador para todos?

Divaldo: O proselitismo, conforme vem sendo praticado por diversas seitas e doutrinas de variadas denominações, tem sido mais prejudicial do que útil, porque faz adeptos inconscientes, fanáticos, presunçosos...

O Espiritismo não deverá realizar esse tipo de divulgação, arrastando multidões para as suas fileiras, considerando os diversos níveis psicológicos de consciência em que se situam os indivíduos, o que não permite uma aglutinação na horizontal dos interesses.

É válida a tentativa de elucidar e conquistar novos adeptos, isto, porém, se dará no momento quando houver maior amadurecimento espiritual e moral dos indivíduos, após saturar-se das paixões dissolventes a que se aferram.

O Consolador – A todo instante somos colocados diante de situações que exigem nossa imediata avaliação e inevitável julgamento. Que fazer, no âmbito profissional ou familiar, para adotar o princípio cristão sem correr o risco de falharmos por omissão?

Divaldo: Como nos encontramos na Terra, torna-se inevitável que participemos dignamente das imposições vigentes no mundo, avaliando e julgando. Tenhamos como exemplo as autoridades que devem exercer as suas funções, os chefes de setores, os responsáveis por atividades que abrangem grupos humanos e sociais...

O não julgar a que se refere o Evangelho constitui uma advertência a não pensarmos mal dos outros, a não concluirmos apressadamente quando não conhecemos os fatos, a não atirarmos pedras em nosso próximo. Dispondo, porém, de argumentos, de informações e dados, é-nos concedido o direito de avaliar e de julgar de maneira equilibrada, contribuindo para a regularização do que esteja errado, a fim de ser corrigido.

Não podemos concordar com tudo, o que nos pode empurrar para uma postura hipócrita, pusilânime ou conivente com o erro...

O Consolador – Qual o melhor caminho para que desenvolvamos dentro de nós o amor cristão pelo próximo, a bondade espontânea no coração e foquemos nossas vidas mais pelos caminhos da solidariedade, essa virtude ainda tão esquecida?

Divaldo: Confesso não conhecer esse melhor caminho. Na minha experiência de uma longa vida e como decorrência do convívio com os Espíritos amigos, aprendi a compreender o meu próximo, tentando ser melhor, mesmo que, com dificuldades, permitindo que os outros pensem de mim o que lhes aprouver, enquanto estarei procurando pensar o melhor de todos... Tenho aprendido a não revidar o mal com o mal, e embora sabendo que tenho inimigos – em ambos os planos da vida – luto para não ser inimigo de ninguém, e venho buscando cumprir com o dever com que sou honrado na atual reencarnação.

Finalizando esta entrevista, Divaldo tece comentários sobre o papel da rede mundial de comunicação na divulgação da Doutrina Espírita, parabenizando os editores dessa revista eletrônica:

"A Internet, como tudo que o homem toca e corrompe, infelizmente, tornou-se veículo de informações incorretas, de agressões, de desmoralizações, de infâmias, de degradação e de crime... mas também de grandiosas realizações que dignificam o gênero humano e preparam a sociedade para dias mais belos e mais felizes. Penso que se Allan Kardec estivesse reencarnado, nestes dias, utilizar-se-ia da internet com a mesma nobreza com que recorreu à imprensa do seu tempo na divulgação e defesa do Espiritismo diante dos seus naturais adversários".

Disponível em: <http://www.oconsolador.com.br/51/entrevista.html>. Acesso em: dezembro de 2010.

26
Revista *Cultura Espírita*
Maio de 2009 – Noruega

O orador espírita Divaldo Pereira Franco visitou a Noruega, nos dias 13 e 14 de maio de 2009, a convite do GEEAK Norge (Grupo de Estudos Espírita Allan Kardec).

No dia 13 de maio, realizou palestra aberta ao público, na *Deichmanks Bibliotek Grunerlokka*, em Oslo, capital da Noruega. Na ocasião, Divaldo Franco falou sobre *Autoperdão* para cerca de 70 pessoas, entre brasileiros e norueguses. A palestra teve tradução simultânea para o norueguês, realizada pela psicóloga Amália Carli.

No dia 14 de maio, Divaldo Pereira Franco reuniu-se com grupos espíritas da Escandinávia, quando realizou seminário sobre o tema *A Casa Espírita*. Cerca de 30 pessoas participaram do evento, durante o qual Divaldo Franco concedeu essa entrevista exclusiva à Revista Cultura Espírita. A programação de Divaldo Franco em Oslo encerrou-se com uma visita à sede do GEEAK Norge, em Oslo.

Diante da coerência das ideias espíritas, como a sociedade internacional vem reagindo a elas?

Divaldo: Considerando-se que o Espiritismo é uma doutrina que tem respostas, e a sociedade vive atormentada com perguntas, a reação tem sido favorável em toda parte, porquanto a lógica das propostas espíritas sensibiliza todos aqueles que delas tomam conhecimento.

E dessa forma, em nossas viagens, como esta, por 28 cidades de treze países europeus, somente temos recebido aplausos e aceitação. Nunca nos foi feita uma pergunta embaraçosa, que tivesse o caráter depreciativo ou mesmo combativo. A aceitação tem sido mais ampla porque, hoje, em várias áreas do conhecimento científico e tecnológico, os investigadores convergem para Deus e para a imortalidade da alma.

Existem já, nessa mesma sociedade, reações de grupos científicos quanto às ideias espíritas?

Divaldo: Que eu conheça, não. Existem nas áreas da Engenharia Genética, da Física Quântica, da Psicologia Transpessoal, estudiosos que estão tocados pelo encontro com Deus e com a imortalidade, e que vêm apresentando esses resultados em obras memoráveis como: *A identidade de Deus,* do Dr. Francis Collins, *O Gene de Deus,* do Dr. Dean Hamer, entre outras.

A penetração das ideias espíritas aumentará com a evolução da sociedade humana?

Divaldo: Sem a menor sombra de dúvida. Quanto mais lúcidos estamos, mais facilmente absorvemos as propostas luminosas do Espiritismo. E constatamos que, à medida que a Ciência e a Tecnologia abrem espaços, mais avançam as possibilidades doutrinárias do Espiritismo de criar núcleos nos diferentes países.

Qual a contribuição do Espiritismo nesse momento atual de mudança de paradigma?

Divaldo: Reapresentar o paradigma do Evangelho de Jesus. O amor a Deus, acima de todas as coisas, e ao próximo como a si mesmo, o que equivale a dizer, numa colocação psicológica, o autoamor, mediante a iluminação da consciência para amar o próximo e, por efeito, amar a Deus.

As pesquisas científicas caminham para a demonstração da existência da reencarnação e da mediunidade. Quais as consequências de tal comprovação para a humanidade?

Divaldo: Eu somente espero que contribuam de maneira eficaz para mudar os padrões ético-morais. Porque sabendo o indivíduo que ele é o construtor da sua felicidade como da sua desdita, graças aos renascimentos corporais, ele terá sempre muito discernimento mediante o qual, antes de agir, pensará nos efeitos que advirão. No entanto, quando me recordo que existem mais de 800 milhões de reencarnacionistas na Índia, no Paquistão, e que não mudaram a atitude agressiva perante a vida, preocupo-me e somente concebo que a reencarnação, sob o enfoque cristão, logrará modificar a sociedade.

O que deseja dizer com reencarnação sob o enfoque cristão?

Divaldo: A reencarnação no Budismo tem características muito específicas, porque o Budismo não se preocupa com Deus e não é uma religião, é uma filosofia. Entre os indianos a reencarnação é fatalista: praticou o mal tem que pagar. No Cristianismo, a reencarnação é edificante: o bem que se faz, anula o mal que se fez.

A globalização, com suas visões de economia e das questões ambientais, levarão a um governo mundial? Podemos sonhar com a substituição da competição pela colaboração?

Divaldo: É o meu maior anseio e a minha maior expectativa a desse encontro em que internacionalmente os governos convirjam para a solidariedade e a paz. E a grande crise de caráter econômico que se abate hoje sobre a Humanidade é, socialmente, uma crise de caráter moral. Falamos muito de poluição, no entanto, a base da poluição é moral. É exatamente o desrespeito à vida e às leis que rege a natureza que gera estes efeitos danosos. Então acredito que, à medida que haja uma conscientização de deveres, a sociedade se tornará mais equânime, a justiça social mais factível e os governos mais justos.

As diferentes tradições religiosas podem convergir na construção de um tempo novo, de paz efetiva, para a Humanidade?

Divaldo: Com toda segurança. Aliás, quando se perguntou a Allan Kardec se o Espiritismo seria a religião do futuro, ele respondeu que seria o futuro das religiões. Equivale a dizer que os postulados de amor que existem em todas as doutrinas irão criar um clima de real fraternidade, de grande entendimento entre as criaturas, e todos compartilharemos da mesma paz, porquanto haverá o interesse geral pela felicidade das criaturas.

É verdade que nunca houve tanto amor no mundo?

Divaldo: Sucede que nós atingimos 6 bilhões e 600 milhões de criaturas, e é natural que graças aos veículos da mídia, que priorizam o escândalo e o crime, tenhamos a impressão de que a sociedade encontra-se quase num caos. E em razão dessa indiferença dos órgãos da mídia pelos exemplos de dignificação humana, o bem ainda não alcançou o seu lugar de destaque que merece na realidade sociológica da vida.

Mas, nunca houve tanta abnegação. Jamais tantos se preocuparam com outros tantos como neste dias. Basta que vejamos as Ongs, as organizações dos médicos anônimos que percorrem os países pobres, as organizações como a ONU, a UNESCO, e tantas outras que privilegiam o bem, e constataremos que este é o período do amor, embora o eco da tragédia ainda grite muito alto.

E quais as consequências de todo esse amor?

Divaldo: Que o mundo de provas e expiações atingirá a sua meta como mundo de regeneração nos próximos 30, 40 anos, conforme preveem os Espíritos nobres.[17]

VALÉRIA MACIEL, JORNALISTA,
residente em Oslo, Noruega.

---

[17] Disponível em: <http://www.divaldofranco.com/noticias.php?not=116>. Acessada em: dezembro de 2010.

27
Entrevista coletiva de imprensa

14º Congresso Estadual de Espiritismo
Serra Negra (SP), junho de 2009

Divaldo: Jesus teve ocasião de dizer que no momento que os Seus discípulos calassem, as pedras falariam. E, oportunamente, Ele afirmou que a Sua mensagem entraria pelos telhados das casas. Do ponto de vista da lógica, isso parece um absurdo. Na simbologia do Cristianismo, no entanto, as duas frases são de uma profundidade significativa. Mesmo porque os judeus eram sepultados na intimidade das rochas, em cavernas, em sepulturas abertas na rocha viva, e quando houve o silêncio na mensagem libertadora, pela imposição do império de César, aqueles o arrebentaram. E os Espíritos, saindo da sepultura, vieram anunciar a Era Nova.

No período do rádio, tivemos a oportunidade de averiguar que a mensagem espírita entrava pelas antenas, colocadas sobre os telhados. Hoje, através das telecomunicações, constatamos que a palavra do Mestre também é atual porquanto no caso da TVCEI e outras, a mensagem entra pelo telhado para poder despertar as criaturas para o significado profundo da Era Nova. Esse passo, dado pela TVCEI, precedido de outras iniciativas em momentos inováveis e audaciosas para a época, tem um sentido muito profundo, porque os espíritas estão em condições de competir, no bom sentido da palavra, com os órgãos que disseminam o crime, a violência, a aberração, estimulando o despautério e a loucura. Por essa razão, saudamos a TVCEI, neste momento, da era nova das comunicações entrando pelos telhados das nossas casas para iluminar as nossas consciências.

Aparecido Belvedere – Revista Internacional de Espiritismo e O Clarim – *Matão – SP: Lembramos de um fato histórico, quando em 1936, Cairbar Schutel fez o programa "Conferências Radiofônicas", talvez já pensando no futuro, com a grande diversidade da comunicação em massa, para que não só os espíritas, mas que o povo em geral, tomasse conhecimento dessa doutrina consoladora e esclarecedora. Gostaria que o irmão tecesse um comentário desse fato histórico.*

Divaldo: Cairbar Schutel, sem a menor dúvida, é um desses missionários do Consolador que, no momento próprio, veio quebrar a intolerância e o obscurantismo propostos pelas doutrinas ortodoxas. Quando começou as suas conferências radiofônicas, em Araraquara, naquele período de audácia, o insigne inspirado pelos Espíritos, além de abrir nobres espaços no período novo, tornava-se um bandeirante na telecomunicação, porque teve a coragem de abordar os temas espíritas com toda a clareza, combatendo a falsidade, a prepotência e ao mesmo tempo revelando a dúlcida figura de Jesus, que ele havia esculpido no altar da sua conduta como dos seus embaixadores. É profundamente comovedor constatar que daquele pioneirismo, transcorridos 73 anos, já podemos ter a comunicação para os países latino-americanos. O início de uma telecomunicação para todo o planeta terrestre. A tarefa de um missionário pioneiro é das mais ingratas, porquanto deve constar a sua sequência de atos nobres: padecer na cruz da incompreensão, audácia de amar e sofrer nas garras da alma o despotismo dos dominadores, abrindo clareira na terrível mata tradicional para imprimir o ideal da verdade que um dia se expanda sobre a Terra. Não podemos deixar de saudar esse homem notável, que através da *Revista Internacional de Espiritismo* trazia os conhecimentos espíritas da Europa e as suas realizações na área da Ciência para publicar no Brasil, onde eles encontravam resistência. E como isso não bastasse, através das páginas de *"O Clarim"* ele emitia o som grandioso da revelação, através de uma redundância, "As clarinadas de luz", e hoje repercutem na imensa divulgação que os espíritas realizamos utilizando todos os veículos da mídia, para alcançar a meta da divulgação da doutrina.

Alamar Régis – SP: Divaldo, gostaria que você tecesse algum comentário acerca de outro bandeirante, nosso pioneiro no Brasil, cujo nome é tão pouco conhecido pelo nosso Movimento Espírita, o inesquecível Luiz Olímpio Teles de Menezes.

Divaldo: O insigne baiano, no mês de julho de 1865, criou o Grupo Familiar de Espiritismo. Sem qualquer dúvida, grande pioneiro da divulgação espírita no Brasil, com a publicação de *O Eco de Além-Túmulo*. Na sua época, governava a Província da Bahia o Conde Bispo dos Arcos, que ao receber a solicitação para que um núcleo familiar de Espiritismo pudesse ser instalado, deu um parecer dos mais notáveis, cujo original tenho a felicidade de possuir, no qual ele dizia que o Espiritismo é uma doutrina respeitada na Europa e no mundo, mas que, lamentavelmente, a Igreja proibia a instalação do Grupo Familiar de Espiritismo.

E *O Eco de Além-Túmulo*, o seu jornal, sobreviveu ainda 16 números demonstrando a integridade deste grande homem. Ademais, ele teve a oportunidade de manter correspondência com Allan Kardec, que se encontrava encarnado, e mandar para o mestre de Lyon uma mensagem ditada pelo Espírito de Verdade, em Salvador, e que foi confirmada em Paris, através de um dos médiuns da Sociedade Parisiense de Estudos Espíritas, como autêntica. Esses missionários reencarnam periodicamente para preparar o advento das nobres conquistas da Ciência, da Filosofia, da ética moral e da religião, alargando os horizontes para predominar um dia na Terra a misericórdia de Deus e a luz inabalável do Evangelho de Jesus.

Alamar Régis – SP: E o Pacto Áureo?

Divaldo: Encontro memorável na sede da Federação Espírita Brasileira, no Rio de Janeiro, no dia 5 de outubro de 1949, daqueles estoicos vanguardeiros da Era Nova, dentro dos quais destacamos Leopoldo Machado, Arthur Lins de Vasconcelos, um dedicado médium do Dr. Adolfo Bezerra de Menezes, Ary Casadio, Francisco Spinelli, do Rio Grande do Sul, Carlos Jordão da Silva, que ontem havia sido eleito pelos Bons Espíritos para ser um dos patrocinadores deste congresso, e contava-se presente o Dr. Luiz Monteiro de Barros. Esses homens admiráveis realizaram a Caravana da Fraternidade e saíram pelo Brasil divulgando os ideais da unificação. Como disse Allan Kardec, um dos maiores obstáculos da divulgação da doutrina seria, sem dúvida, a sua falta de unidade. Foram eles que corajosamente percorreram todo o Nordeste brasileiro e também visitaram algumas cidades, as nossas capitais do Centro do País e do Sul, divulgando o Pacto Áureo, quando o então Presidente da Federação Espírita do Estado de Santa Catarina havia sido o instrumento da mensagem do guia espiritual do Brasil apoiando este ideal fantástico, que é a unificação dos espíritas.

Sem a unificação, não teremos êxito, porquanto, a parábola do feixe de varas assim nos dá as características da nossa necessidade. O venerável apóstolo do Espiritismo, Dr. Adolfo Bezerra de Menezes Cavalcante, em mensagem que recebemos na Federação Espírita Brasileira, no Conselho Federativo Nacional, oportunamente disse: primeiro a união dos espíritas. Que tenhamos a coragem de esquecer as nossas diferenças. Afinal as diferenças não são negativas. Os dedos da mão nasceram no mesmo momento, são todos diferentes. Graças a essas diferenças é que eles podem curvar-se para produzir a igualdade e podermos pegar. Desta maneira, é justo que esqueçamos as nossas pequenas diferenças, a maneira de interpretarmos determinados textos do pensamento kardequiano. Que nos unamos em torno do ideal que deve estar acima das nossas pequenezes. Que olvidemos essas questões do ego, personalismo, que deveremos abandonar para que fulgure através do nosso exemplo a doutrina codificada por Allan Kardec, restauradora do Evangelho de Jesus, na sua nobre colocação de Terceira Revelação para contribuir em favor de um novo mundo.

Nilson Torres – Jornal Verdade e Luz – Ribeirão Preto – SP: Pesquisa recente afirma que 1,4% dos universitários se declaram espíritas e 4% se declaram ateus. Com todos os meios de comunicação que temos hoje e o trabalho magnífico que o senhor faz pelo mundo todo, quando lembramos da questão 798 de O Livro dos Espíritos, *na qual os Espíritos superiores dizem que um dia o Espiritismo será uma posição íntima de todas as pessoas, quando vemos esses números, confesso certa ansiedade. O que o senhor diria?*

Divaldo: Estamos no momento da grande transformação. Lentamente, o Espiritismo adquire cidadania. Friedrich Nietsche, apesar do seu pessimismo, disse que toda ideia nova deve passar por três fases. A primeira delas é a da negação. A negação total por ela vir abalar o alicerce do comodismo. Mas quando a negação não consegue destruir, vem a segunda fase: a do ridículo. Aqueles que não a conhecem procuram ridicularizá-la. E se ela prossegue termina por ser aceita. Exatamente isso ocorreu com o Espiritismo: combatido tenazmente pelo materialismo mecanicista e dialético do século XIX, no seu último quartel, ele sobreviveu. Logo depois vieram as ironias acadêmicas, as perseguições teológicas e a ignorância popular. E o Espiritismo resistiu, porque ele não é fundado pela opinião de um homem, mas é resultado da mensagem dos embaixadores de Jesus na Terra. E hoje, lentamente ele vai sendo aceito, inclusive por aqueles que o negavam, porque a sua força não está no fenômeno, mas na sua filosofia, como asseverou Allan Kardec.

Mas a transformação da sociedade é lenta, porque ela ocorre em cada indivíduo, não na massa. Quando ocorre uma revolução da massa e uma mudança coletiva, nós observamos que estamos na porta do perigo, porque toda vez que adquirimos a liberdade após um largo período escravagista, zombamos na libertinagem. Foi o que ocorreu na Revolução Francesa, com todas as revoluções filosóficas, sociológicas e econômicas, que a última veio desaguar nesta grande crise, que abala hoje o mundo.

O Espiritismo, portanto, segue a linha da racionalidade e da ética, modificando cada indivíduo para que ele modifique o mundo. Por essa razão, quando alguém perguntou se o Espiritismo seria a religião do futuro, Allan Kardec com propriedade disse não, o Espiritismo será o futuro das religiões, porque as religiões adotarão os seus postulados e modificar-se-ão, conforme já vem ocorrendo desde quando, no Vaticano, o Papa João Paulo II teve a oportunidade de confirmar que os mortos voltam e se comunicam e um cardeal confirmou em periódico na Santa Sé, Conservatório Romano, as palavras do Papa e caracterizou aqueles que deveriam receber os "santos", como ocorre em *"O Livro dos Médiuns"*, com as características dos médiuns.

Temos, portanto, confiança e a certeza de que em futuro não muito distante, a Doutrina Espírita estará dominando as consciências, como futuro filosófico da Humanidade.

Fábio – Folha – Araxá: Emmanuel, no livro "O Consolador", psicografia de Chico Xavier, fez menção ao movimento feminista, como aquele do retorno da mulher ao lar. Comente sobre a mulher de hoje no mercado de trabalho em detrimento da educação.

Divaldo: Confirma a tese que expusemos na pergunta anterior. Escravizada e submetida às paixões machistas durante milênios, a partir dos anos 1960, quando surgiram as grandes lidadoras do ideal de liberdade da mulher, eis que pouco a pouco foram sendo rompidos os laços da submissão, e hoje vemos a mulher novamente transformada num objeto de uso, transformando em linha geral o seu corpo num instrumento de prazer. Um grande desrespeito à finalidade da reencarnação. É óbvio que se trata de exceções.

Lembro-me de um dado que me impressionou muito. Em abril de 1857, em Manhattan, as tecelãs das indústrias têxteis de New York fizeram uma passeata para solicitar às autoridades que reduzissem o número de horas de trabalho. Elas trabalhavam dezesseis horas. A intolerância dos homens e da Polícia Montada fez com que elas recuassem até uma fábrica, cujas portas foram trancadas por fora e atiraram fogo, morrendo todas elas. A partir daí, as mulheres insurgem-se. Começam a lutar a favor do voto, do seu direito de reivindicação.

No último Encontro Mundial das Mulheres, estavam presentes 184 nações. Mas é natural que, com isso, da liberdade, haja ocorrido algum momento em desequilíbrio e da afirmação da mulher no mercado de trabalho, como essencial, com esquecimento da santificação da maternidade. Teríamos aqui um adágio popular: *Nem tanto ao mar, nem tanto à terra.*

A maternidade exige da mulher, como do homem, uma contribuição valiosa na construção da família, da educação da prole. Os pais não devem ser fornecedores de coisas, porque quando eles dão coisas negam-se a dar-se. É muito mais importante. Mas a mulher já está percebendo exatamente isto, e muitas estão procurando atender o seu compromisso de autorrealização pelo trabalho, pela arte, pela ciência, pela tecnologia, reservando as suas horas, também, para a santificação doméstica. A volta ao lar vem se dando naturalmente, de maneira nobre, mas sem nenhuma propaganda, porque o bem dispensa o alargamento das suas ideias.

Luis Hu Rivas – TVCEI: Hoje existe uma expansão das mídias espíritas: internet, cinema, televisão, rádio e jornais. Qual deve ser o cuidado que o divulgador espírita deve ter com esta proposta e como os Espíritos estão vendo essa expansão?

Divaldo: Os bons Espíritos inspiram essa expansão e alguns deles reencarnaram-se com essa finalidade específica. No entanto, vale bem o comedimento. A ausência do desgaste exacerbado, porque esses veículos que nos facilitam muito a divulgação podem transformar-se em instrumento de grave perturbação. Como ocorre, por exemplo, na Internet, em que as notícias perderam a autenticidade, a validade do respeito graças à interferência de personalidades psicopatas de indivíduos interessados na divulgação do mal e nós, os espíritas, atraídos por essa nova fase, devemos ter muito cuidado. Ouçamo-nos, consultemo-nos e procuremos divulgar aquilo que pode ser multiplicador do bem, porque do contrário estaremos fazendo o trabalho da intolerância e da perturbação.

Helena – Correio Fraterno – São Bernardo do Campo – SP: O tema do congresso "Vivência no amor pelos caminhos da educação" nos dá a ideia de que estamos mudando o rumo do discurso espírita. Você acha que está havendo um retorno à filosofia espírita?

Divaldo: Toda vez quando uma ideia se expande, à medida que cresce descaracteriza-se. Tudo aquilo que cresce em superfície, perde em profundidade. Nós, espíritas, vivemos um período em que a educação pelos caminhos do amor e o amor pelas vias da educação constituem os melhores instrumentos para a divulgação do Espiritismo. Desde que o lábaro que ostentamos, como diz Allan Kardec, que repetiu em todas as suas viagens pelos países francófonos que era esta a nossa bandeira, a bandeira que erguemos: "Fora da caridade não há salvação". A educação é a caridade mais profunda, porque educar o caráter moral é erradicar a causa da miséria moral a fim de diminuir as consequências das outras expressões da debilidade humana. O amor é a alma de Deus iluminando o mundo, porque fora do amor não existe criação, porque Deus é amor.

Divaldo Pereira Franco durante o 14º Congresso Estadual de Espiritismo, promovido pela União das Sociedades Espíritas do Estado de São Paulo – USE, entre os dias 19 e 21 de junho/2009, em Serra Negra – SP.

Fonte: Jornal Verdade e Luz

Disponível em: <http://www.divaldofranco.com/noticias.php?not=134>. Acesso em: dezembro de 2010.

28
Revista *MUITO*, n.º 45
Revista semanal do Jornal *A Tarde*, Salvador - Bahia 8 de fevereiro de 2009

Na base da Doutrina Espírita, decodificada por Allan Kardec, está a crença na imortalidade da alma, na comunicabilidade dos Espíritos, na encarnação e na caridade. O médium e orador baiano Divaldo Pereira Franco, nascido em Feira de Santana, 81 anos, é hoje o principal nome do Espiritismo no Brasil. No dia desta entrevista, havia acabado de psicografar o novo livro de sua mentora, Joanna de Ângelis (*Em busca da verdade*, com previsão de lançamento para maio), cujo Espírito lhe apareceu em 5/12/45. Antes, porém, quando tinha cinco anos, conheceu o Espírito de um menino que se tornou seu grande amigo. Era o índio Jaguaraçu, que lhe comunicou que não poderia ficar mais, quando tinha 12 anos, mas que viria alguém para ajudá-lo e que, um dia, iria morar com ele. Em 1952, deixaram uma criança afrodescendente numa lata de lixo na Mansão do Caminho e quando ele viu o bebê chorando, com formigas, correu a um tabelionatário e, lembrando de Jaguaraçu, deu-lhe esse nome. Mais tarde, soube que era o próprio, reencarnado. "Ele voltou para estar conosco e já desencarnou, com 40 e poucos anos, olha que coisa curiosa. E eu ainda estou aqui". Para Divaldo Franco, o essencial não é a religião que o indivíduo professa, é sua conduta como cidadão. "É mais importante o indivíduo ateísta e digno do que aquele bem rotulado, de qualquer doutrina religiosa, mas que não corresponde às suas diretrizes". Na Mansão do Caminho, onde mora, no Pau da Lima, são atendidas cinco mil pessoas por dia, em média. São 3190 matriculadas para 2009. Chegam às 7h e saem às 17h, almoçam e têm merenda. São oito cozinhas e mais de 500 voluntários em todo o complexo: "Sem a presença deles, não poderíamos levar adiante esse trabalho".

Temos visto muita violência na mídia, bem como parricídio e infanticídio. O que é o mal para o Espiritismo?
Nós encaramos o mal sob o ponto de vista filosófico e ético. Allan Kardec teve ocasião de perguntar aos Espíritos o que era moral. Eles responderam que era tudo aquilo de acordo com as Leis de Deus. Então, o mal para nós é toda ocorrência que vai contra as Leis de Deus. Para nós, ele não tem uma vigência real: é a ausência do bem. Ele predomina, na criatura humana, por causa do nosso processo atávico de evolução.

E qual seria o espaço da liberdade humana para questionar as leis?
A Lei de Deus é uma lei de ordem e de equilíbrio. Hoje, os mais notáveis pesquisadores concluem que mesmo no caos há uma ordem. O indivíduo tem uma liberdade, que não pode ser coagida, mas há um limite.

Toda vez que ele excede a liberdade, que é relativa, entra num estado de desordem. O limite é imposto pela consciência lúcida. Tenho direito de fazer aquilo que me seja bom, mas que não prejudique o próximo.

Por que o Brasil é considerado o maior país Espírita do mundo?

Nós não podemos provar, assim, de uma forma positivista, mas filosoficamente nós somos herdeiros de três raças que se miscigenaram em grande harmonia. A doutrina encontrou ressonância porque estava enraizada nas bases religiosas do catolicismo, do africanismo e das doutrinas indígenas. Cresceu mais do que em qualquer outro país, mas aconteceu um fato curioso e um tanto especial: o número de médiuns. O Brasil tem oferecido ao mundo um número extraordinariamente grande de médiuns notáveis, haja visto Francisco Cândido Xavier, Yvonne do Amaral Pereira e outros tantos que desempenharam papel tão grande, provando a imortalidade da alma.

No Brasil, graças ao atavismo religioso de dar de graça o que se recebe de graça, a mediunidade se tornou mais acessível, porque ela se tornou caridosa e, como todos temos problemas, essa caridade teve um impacto social muito grande.

As pessoas ficam inconsoláveis quando morre alguém que elas amam. Não há o que dizer. Como lidar com isso?

A melhor técnica é a apresentada pela doutora Elizabeth Kübler-Ross, que é considerada a mãe da Tanatologia.

Ela estudou pacientes terminais e criou grupos de auxílio para as famílias. Assim que morre alguém, quaisquer palavras são inúteis, porque a dor é tão violenta que a pessoa perde o senso do discernimento. O que podemos fazer é dar o apoio fraternal.

A princípio é uma dor selvagem, depois, uma dor profunda, da emoção, da ausência física, da falta dos hábitos, da convivência; são nesses momentos que nós vamos dizer que a vida continua, que vale a pena esperar, que esse ser querido pode voltar a comunicar-se, que ele pode provar que está vivo e nos aguarda.

Então a dor se dilui, diminui um pouco e surge a esperança. A esperança do reencontro, que todas as doutrinas religiosas dão, mas que não faculta o diálogo para se ter a certeza inabalável da sobrevivência, que isso a mediunidade dá.

Nós sempre pensamos na morte dos outros. E quando somos colhidos por essa surpresa, temos uma mágoa.

O que leva muitas pessoas, apesar do trabalho realizado pelos médiuns, a serem céticas em relação à imortalidade?

Há uma razão. A morte é uma coisa muito curiosa, nós sempre pensamos na morte dos outros. Morre um vizinho com câncer, a gente não vai ter, quem morre é o vizinho; a AIDS, quem vai ter é o vizinho, até que um dia nós temos e o vizinho do vizinho somos nós. E quando somos colhidos por essa surpresa, temos uma queda emocional e uma mágoa tão profunda que gera uma não crença.

É uma espécie de rebeldia: "Por que eu? Por que comigo? "Eu sempre digo àqueles que me procuram: Por que não você, qual o privilégio? Acontece com todos, morrem 7.500 pessoas por segundo no mundo. Por que não vai morrer um dia um seu?

Muitos se chocam quando alguém morre e estava no que considerava o topo.

Eu li uma frase que achei notável: "O dinheiro pode dar uma cama muito confortável, mas não dá bons sonhos".

Nós somos educados no mundo dos valores imediatos e quando esses valores falham perdemos a estrutura, a base da nossa formação.

Será necessário haver uma revisão dos valores. Desde cedo, procurarmos demonstrar que nesse mundo de transitoriedade tudo tem um tempo de vigência breve, que vale a pena perseverar em ideais, mas em ideais também transcendentais.

A grande proposta hoje do Espiritismo e da Psicologia Analítica de Jung é: encontre e descubra o sentido da vida. Dê a sua vida um sentido existencial para não se frustrar quando consegue as metas imediatas da existência carnal.

O senhor falou da revisão dos valores e pensei na Codificação Espírita de Allan Kardec em O Livro dos Espíritos (1857). No século XX, passamos por guerras e revoluções de costumes. Novas mensagens ainda são codificadas ou aqueles valores são, digamos, eternos?

São valores estruturais. Digamos que são as sete notas musicais do pentagrama, são o alfabeto da literatura.

Sobre eles são codificadas as novas construções, que vêm através do que chamamos de contribuição subsidiária, através de escritores, jornalistas, médiuns, que sempre estão dando um contributo dentro daquela base, mas na amplitude da atualidade.

Em relação a esses valores, qual a posição adotada pelo Espiritismo sobre aborto?

O aborto provocado, para nós, é crime. A defesa das feministas é que elas têm direito sobre o seu corpo. E é verdade. Só que o corpo que está dentro dela não é dela. É um outro corpo, resultado da fusão de dois corpos diferentes. Vivemos numa atualidade em que a pessoa apenas se deixa fecundar porque quer, porque temos instrumentos impeditivos da fecundação. O sexo deve ser usado livremente, porém com responsabilidade.

Ela não tem o direito de matar esse ser em formação, porque se constitui um crime covarde.

Qualquer que seja a razão. E neste aspecto sou feminista: o homem também é abortista, porque quando ele fecunda uma mulher e foge, deixando-a ao abandono, e ela toma uma decisão infeliz, ele também é responsável, porque ela não se autofecundou.

Hoje nós matamos o embrião, depois, com a eutanásia, vamos matar o velho. E eu lembro de uma frase extraordinária de um poeta alemão, que diz assim: "Quando nós começamos a matar, seja o que for, terminamos em genocídio". Então, para evitar chegarmos ao ponto de matar por matar, é melhor fechar a porta da exceção.

Outro tema atual diz respeito à união gay. Como o Espiritismo vê o amor gay?

O amor é amor, sob qualquer faceta que se manifeste. Se o indivíduo tem um comportamento homossexual e encontra alguém que compartilhe a sua ternura e afetividade, essa união é tão digna quanto a do heterossexual.

O que para nós deve ser levado em consideração é a conduta do homossexual.

Como não concordamos com a conduta promíscua do hétero, não somos de acordo com a conduta *gay* promíscua. Mas consideramos valiosa e respeitável a união homossexual e, principalmente, quando ela é apoiada pelo casamento. O casamento é um contrato legal tendo em vista as heranças. O indivíduo ajuda o outro a vida inteira, é o seu companheiro nas horas difíceis, diminui a angústia, a solidão, evita o suicídio. Quantos indivíduos, como dizem, no armário suicidam-se porque têm medo de enfrentar a sociedade? Uma sociedade, com todo respeito, hipócrita. Porque somente é erro quando as pessoas sabem, mas quando não sabem a pessoa é honrada. Então, quem deu esse apoio merece a herança, merece a memória do companheiro ou companheira.

Nós consideramos perfeitamente legal e moral.

O amor é amor (...). Consideramos valiosa e respeitável a união homossexual.

É a falta de autonomia que também prende as pessoas ao excesso e ao consumo?

Ocorre que nós somos muito manipulados pela mídia. Nós fazemos porque está na moda, porque dá status e, em breve, estamos na compulsão consumista, que é um transtorno obsessivo-compulsivo. É uma fuga psicológica de quem não encontra sua realidade interna. Daí que todos os valores apresentados para nós pela sociedade tem um sentido relativo. Nós temos que fazer a viagem para dentro, para o autodescobrimento, para encontrar valores que são nossos. Porque somos diferentes, nas aspirações, na emoção, nos níveis de consciência.

Não podemos ficar igualados pelas propostas apresentadas pelo *marketing*.

Quando vejo os que têm a coragem de discordar, apresentando modelos diferentes, é uma forma de liberdade e de consciência, de autoaspiração: tenho o direito de ser como sou. Então, é válido.

O senhor falou em Jung, quanto a descobrir o sentido da vida, e lembro quando ele diz que a vida não quer que ninguém seja perfeito, mas seja inteiro.

Exatamente, temos que fazer essa viagem para a nossa integridade, para sermos inteiros.

O ser humano não vive pouco tempo para a tarefa?

Por isso a reencarnação. Mas, veja: desde que o sujeito desperte a consciência, surge-lhe uma escala de valores, de objetivos, de significados.

À medida em que ele aprofunda esses significados, vai terminar na individuação, aquele estado de plenitude junguiana. É normal que ele vá fazer uma viagem para dentro, para descobrir pelo que vale a pena lutar.

Enquanto nós somos teledirigidos, achamos que isso é ideal e amanhã aquilo e, quando chega o momento final, não nos realizamos. Daí que nessa proposta da viagem interior nos realizamos, porque descobrimos o que nos interessa. Por exemplo, a vida inteira eu achei que deveria me dedicar ao Espiritismo. E à medida que eu venho me dedicando, eu me preencho. No momento em que eu morrer, não vou deixar tarefas por realizar, nem vou ficar frustrado. Eu sigo a tradição de Kardec: até o limite das minhas forças, eu me empenho no meu ideal, o mais independe de mim. Então, me satisfaço.

O senhor psicografou mais de 300 personalidades e lançou mais de 200 livros; em algum momento, achou que sacrificou sua vida por conta do Espiritismo?

Quando era jovem, às vezes, eu aspirava aos prazeres. Mas como eu tinha compromissos, que eram deveres, eu renunciava. Curiosamente, quando tomava decisão de optar pelo dever, eu não sofria a renúncia.

Então, não era um sacrifício. Porque eu encontrava um prazer novo no que estava fazendo. Muitas vezes amigos dizem: "Mas, Divaldo, você não bebe, não fuma, não tem prazeres".

Eu digo: "O Espiritismo para mim é um *hobby*. Você gosta disso e daquilo e se entrega, ótimo, gosta de futebol, ótimo! Eu gosto de Espiritismo".

Então, me preenche de tal forma que se constitui, não num dever que eu tenha que fazer, eu faço porque eu quero até a hora que eu quiser, mas ele me é tão compensador e me plenifica de tal forma que, sendo bem honesto, olhando para trás, eu não considero um sacrifício.

Considero algumas renúncias, esforços, porque assumo compromissos um ano, dois, por antecipado, e às vezes, quando chega a época, eu não estou no clima de quando aceitei.

Então, faço aquele esforço para me desincumbir com alegria. Muitos esforços tenho envidado, mas não chegam a ser sacrifício.

O senhor é bem-humorado: hobby! Como a gente pode distinguir se um pensamento é nosso ou influência espiritual?

É muito difícil! Kardec mesmo fez essa pergunta aos Espíritos. Então, os Espíritos disseram assim: "Quando tiveres uma dúvida sobre qual decisão tomar, a primeira ideia que te vier é inspirada, porque é uma ideia não programada". Agora, de acordo com nosso estado de evolução, nós sempre estamos em contato com o Mundo espiritual e, por consequência, nós estamos num intercâmbio.

Não chegamos a ser marionetes, por causa do livre-arbítrio, mas, muitas vezes, os pensamentos vêm com tintas espirituais. Eles nos inspiram, e uma ideia que poderíamos apresentar de uma forma tosca se torna mais burilada.

Quando psicografa Joanna de Ângelis, existe uma troca? Ela pede opinião?

Não. É uma coisa interessante. Eu vou te dar um exemplo. No ano de 2007, recebi um convite para o Congresso Mundial de 2010. Eu estava com 80 anos. Não respondi logo.

Pensei: meu Deus, em 2010 vou estar com 83 anos, e não respondi.

Certa manhã, eu estava psicografando e, quando eu me recuperei, quis aproveitar logo para digitar.

Quando me voltei, eu a vi ali, esperando, o que não é habitual. Aí eu disse: "Mas que coisa, minha irmã, acabo de receber um convite para 2010 e não sei o que responder. Para uma pessoa idosa, um mês representa um ano, um ano são cinco, eu não sei o que responder". Ela sorriu, é um risozinho suave, e disse: "Aceite, meu filho". Aí eu pensei: *puxa*, acho que vou viver até 2010. Daí a dias recebo um convite de uma sociedade do Paraná para 2012...

(Risos) Eu pensei: ah, em 2012 eu estarei com 85 anos. Aí eu deixei para lá, e disse não vou responder que isso é loucura da turma. Hoje, quando me convidam, eu digo "sim, se eu estiver encarnado". Estou perfeitamente tranquilo quanto a morrer ou não morrer. Mas, então, repete-se o fato e, quando eu termino de psicografar, ela permanece. Eu me volto e, quando a vi, eu disse: "Ah, minha irmã, a senhora lembra daquele caso, em 2010? Mas agora uns amigos do Paraná me convidam para 2012, e eu não sei o que responder". Eu estava crente que ela ia dar a mesma resposta. Aí ela disse assim: "É, meu filho, vamos orar muito" (Risos). Estou anotando, mas dali em diante não tenho nenhuma garantia. Vamos orando.

Disponível em: <http://issuu.com/revistamuito/docs/_45>. Acesso em: janeiro de 2011.

29
Jornal *Tribuna do Norte*
em 31/01/10
Repórter – Renata Moura

O que é felicidade?

A felicidade é a perfeita identificação entre o que parecemos e o que somos. Nossa proposta é: seja você mesmo. Nada obstante, para viver em sociedade dissimule os seus problemas. Porque a sociedade não te pode resolver. Nem seria lícito que nós exteriorizássemos nossos problemas a pretexto de ser leais com o grupo social. Mas a felicidade vem da harmonia interior do indivíduo perante a vida.

Como se busca a felicidade?

A busca da felicidade é um trabalho interior de transformação moral e de renovação emocional. Todos nós temos defeitos, que são problemas da nossa evolução antropológica. As heranças do instinto, agressividade, violência, o orgulho, o desejo de posse, a supremacia e as outras emoções perturbadoras como o medo e o ciúme. A busca da felicidade dar-se através da nossa mudança interior, cada dia lutando para sermos melhores que no dia anterior.

É uma busca difícil?

Não, não. Porque é uma questão de hábito. Não pode haver nada mais difícil do que falar, do que andar, do que cantar, do que exercer qualquer atividade cultural. Através do treinamento aquilo se torna tão natural que se incorpora a nossa vida. Daí dizer que os hábitos são uma segunda natureza. Se nós conseguirmos realizar um esforço moral para algumas mudanças estaremos numa situação de muita harmonia.

Para pessoas que passam por grandes tragédias, como a que ocorreu no Haiti, ou em Angra dos Reis, no Brasil, ainda é possível encontrar felicidade?

Sim, e nós temos exemplos no mundo inteiro. Naturalmente as pessoas emocionalmente mais débeis sentem-se destroçadas e se não receberem ajuda psicológica específica não saem da depressão, do desencanto nem do pessimismo. Mas, pode observar, há grandes vidas assinaladas por muitas tragédias, por doenças terríveis, e o indivíduo consegue superar. Determinados atletas mundiais, por exemplo, foram vítimas de paralisia, outros tiveram deficiência, outros tiveram lar muito modesto, mas esforçaram-se e conseguiram a meta que perseguiam.

Qual o segredo disso?

Primeiro, não ter autocompaixão. Porque, problema, todo mundo tem. E, de alguma forma, insucessos, tragédias, ocorrem no cotidiano de quase todas as pessoas. Umas emocionalmente mais frágeis voltam-se para dentro, para serem infelizes, para queixar-se, para lamentar. Outras, resolvem enfrentar o problema e então superam o desafio.

O que é a verdade?

É a paz interior. Existem três verdades do ponto de vista psicológico: a minha verdade, a sua verdade e a verdade real, que é aquela que a gente nem sempre alcança. Se acontece um crime e duas pessoas veem, cada uma conta de uma forma e o juiz terá que avaliar realmente o que aconteceu porque, para o nosso emocional, a verdade é o que nós sentimos e não aquilo que realmente representa a verdade.

Mas, qual é a melhor verdade na opinião do senhor?

É o indivíduo integrar-se no cosmo. Tornar-se útil, encontrar uma diretriz de segurança para ser feliz.

Como o senhor define o Espiritismo?

É uma ciência que estuda a origem, a natureza, o destino dos Espíritos e as relações com o mundo material. Essa é a definição dada por Alan Kardec. Eu diria que o Espiritismo é uma ciência da filosofia, é a filosofia da religião e a religião da ciência.

E é uma ciência bem aceita pela sociedade?

Toda ideia nova enfrenta muitos preconceitos. E no começo do século XIX enfrentou três tipos de preconceitos. O preconceito religioso, o preconceito científico e o preconceito popular. O religioso dizia que eram propostas demoníacas, como fez com todas as ciências. E isso foi superado. Porque o essencial do Espiritismo é a prática do bem, a transformação moral do indivíduo, a busca de Deus e o mal não pode fazer bem. Os cientistas diziam que os médiuns eram psicopatas. Portadores de alienação mental, de esquizofrenia, de epilepsia, no entanto, as investigações disseram que os médiuns são paranormais. Portadores de sexto sentido. E a dificuldade popular era a da ignorância que confundia o Espiritismo com o africanismo, com a bruxaria, com o xangô, essas questões que dizem muito respeito ao animismo cultural do nosso povo, mas está superado.

"Vivemos muito angustiados na busca de coisas, acreditando que elas são essenciais à vida. Naturalmente algumas são fundamentais, mas há outros valores. O ser interior, a paz que o indivíduo desfruta, a harmonia do grupo familiar, a alegria de viver, constituem valores que nos levam ao encontro da verdade"

Trechos da entrevista de Divaldo Franco concedida ao jornal "Tribuna do Norte" em 31/01/10. Disponível em: <http://tribunadonorte.com.br/noticia/divaldo-pereira-franco-vivemos-angustiados/139193>. Acesso em: janeiro de 2011.

30
REVISTA REFORMADOR
FEDERAÇÃO ESPÍRITA BRASILEIRA
ABRIL/2010

Divaldo Pereira Franco comenta sobre seus contatos com Francisco Cândido Xavier acerca do mediunato e da obra do missionário homenageado pelo Centenário de Nascimento.

Reformador: Como foi seu primeiro encontro com Chico Xavier?

Divaldo: No mês de março de 1948, convidado pelo confrade Ederlindo Sá Roriz, a visitar Belo Horizonte, durante as minhas férias de funcionário autárquico – foi ele quem me induziu a proferir a primeira palestra na União Espírita Sergipana, no dia 27 de março de 1947, quando residia em Aracaju, e eu era seu hóspede – porque ele fora transferido com a família para a capital mineira, após aceitar-lhe o convite, em lá chegando, no dia imediato, tive a imensa alegria de conhecer o venerando médium Chico Xavier, em um encontro inolvidável. Já nos correspondíamos epistolarmente desde alguns meses...

Naquela época, habitualmente, às terças-feiras, Chico Xavier visitava a família da dona Lucília Cavalcanti, viúva e fotógrafa, residente na Rua Tupinambás, no 330, térreo ("Foto Minas"), naquela cidade, a quem era profundamente vinculado, especialmente em razão do afeto espiritual que dedicava ao jovem Carlos Cavalcanti, que então fundara e dirigia a União das Mocidades Espíritas Nina Arueira. Às 17h, com um grupo de amigos, entre os quais, Ederlindo Sá Roriz, Arnaldo Rocha e José Martins Peralva Sobrinho, vimos chegar, procedente de Pedro Leopoldo, o afável amigo, que logo saltou e pôs-se a abraçar-nos a todos, que formávamos, à porta de entrada, um semicírculo... Jovialmente saudou-me e, segurando-me pelo braço, convidou-nos a adentrar na residência que lhe era querida.

Reformador: Esteve em outros eventos com Chico?

Divaldo: Sim. Estive ao lado dele em muitos eventos, dentre outros, em algumas das tardes noites de autógrafos em diversas cidades, assim como em atividades, nas quais eu deveria proferir conferência, como ocorreu em Uberaba, inúmeras vezes, em diversos auditórios, inclusive em comemorações muito especiais. Outrossim, por ocasião do recebimento do Diploma de Cidadão Uberabense, em 1980, que me foi concedido, cuja entrega ocorreu no ginásio da cidade, ele proferiu inolvidável palestra, aliás, como sempre o fazia nas atividades em que ambos participávamos, antes da conferência de agradecimento que me estava reservada. Igualmente, encontramo-nos por ocasião da proposta que apresentamos para que se tornasse candidato ao Prêmio Nobel da Paz 1981 – primeiro havendo falado com ele, que anuiu em receber a homenagem com vistas à divulgação do Espiritismo – no Rio de Janeiro, na respeitável Instituição Espírita Marieta Gaio, em São Cristóvão, com Augusto Cesar Vannucci e outros repórteres, no que resultou em memorável reportagem na revista Manchete. Recordo-me, também, do inesquecível encontro na quadra de esportes do Ginásio Caio Martins, em Niterói, quando ele foi agraciado com o Título de Cidadão Niteroiense, diante de grande público que repletava todo o imenso auditório. Naquela ocasião, ele teve a gentileza de deixar alguém à minha espera, na entrada, porquanto eu proferira uma conferência em Campos, naquele Estado, e após desincumbir-me do mister, viajei àquela cidade, exclusivamente para abraçá-lo, conforme combináramos antes por correspondência.

Também estive em alguns dos jantares beneficentes promovidos por Mercedes, em São Paulo, em favor dos irmãos portadores do "fogo selvagem" aos cuidados do Lar da Caridade, fundado por dona Aparecida Ferreira, há pouco desencarnada, dos quais ele participava anualmente, havendo eu proferido uma breve palestra, numa dessas ocasiões, no Clube Pinheiros, na capital paulistana.

Reformador: Há um livro psicografado por você e o Chico?

Divaldo: Sim, existe, e chama-se ...*E o amor continua*. É constituído de mensagens por nós psicografadas e de autoria de diversos Espíritos, prefaciado pelo Espírito Dr. Bezerra de Menezes, através dele e deste servidor. Diversos outros livros de nossa lavra mediúnica foram honrados com prefácios por ele psicografados e ditados pelos Espíritos Rabindranath Tagore, Emmanuel, Dr. Bezerra de Menezes...

Reformador: O que mais lhe chama a atenção na vida luminosa de Chico Xavier?

Divaldo: Tudo, na sua existência, é rico de beleza e de espiritualidade. Desde criança, a sua vida é assinalada pela comunhão direta com os Espíritos nobres, sendo conduzido, passo a passo, pela sabedoria e austeridade do nobre Emmanuel, seu guia e amigo, até alcançar o clímax do ministério, após vencer longo percurso de sofrimentos e de renúncias, de abnegação e de sacrifícios, sem jamais queixar-se, nem reclamar. A sua humildade, posta à prova, mil vezes, é o testemunho mais nobre da sua grandiosa missão, que dele fez o verdadeiro apóstolo do Espiritismo. Em todos os lances, portanto, da sua existência, em público ou na solidão, aplaudido ou tentado a ser empurrado para o ridículo, ele se manteve irretocável como uma estrela luminífera no velário da noite.

Reformador: Qual sua avaliação sobre a obra psicográfica de Chico Xavier?

Divaldo: É-me difícil aquilatar a grandeza da obra mediúnica de que foi instrumento o inesquecível apóstolo mineiro, porquanto não tenho capacidade intelectual para penetrar-lhe todo o conteúdo histórico, científico, religioso, ético-moral e filosófico. Do ponto de vista da autenticidade das mensagens por ele recebidas, às centenas, existem depoimentos de imortais da Academia Brasileira de Letras, de estudioso da caligrafia dos missivistas etc., não me atrevendo a penetrar nesse campo delicado e profundo. Nada obstante, conforme se vêm confirmando inúmeras das informações nessa monumental obra, veiculadas, por cientistas de renome, que não têm nenhum contato com o Espiritismo, verificamos quão grandiosa e profética é a mesma. Ademais, encontra-se perfeitamente integrada no contexto da cultura hodierna com amplas possibilidades de entendimento no futuro, sem ferir nenhum dos paradigmas da Doutrina Espírita.

Reformador: Como avalia a missão do citado médium?

Divaldo: Chico Xavier é, sem qualquer possibilidade de dúvida, o apóstolo do Espiritismo, nos dois séculos: naquele em que nasceu e viveu, bem como no em que desencarnou, respectivamente, XX e XXI. Logrou alcançar o mediunato, conforme a expressão do Espírito Jeanne d'Arc, em *O Livro dos Médiuns*. Ele se tornou a própria missão, sendo muito difícil separar o homem do apóstolo e o missionário do irmão de todas as criaturas: vegetais, animais e humanas.

Reformador: Ao ensejo do Centenário de Chico Xavier, o que recomendaria aos espíritas?

Divaldo: Após o cuidadoso estudo da Codificação e das obras que lhe são complementares, sugeriria que todos mergulhássemos o pensamento e a emoção no estudo cuidadoso e sistematizado das obras ímpares recebidas pelo excelente médium e abnegado servidor de Jesus. Aos médiuns, se me é permitido, sugeriria, também, que nele víssemos o exemplo máximo do poder da vontade contra as vicissitudes e os desafios, permanecendo fiel a Jesus e a Kardec, vivenciando a doutrina libertadora, sem alarde, sem fugas psicológicas, sem angústias, ricos da paz que o abençoado amigo deixava transparecer no semblante, mesmo nas horas mais graves da sua existência, e de que era portador, irradiando-a em favor de todos aqueles que se lhe acercavam.

Disponível em: <http://www.bahiaespirita.com.br/divaldo-franco/449-chico-xavier-e-o-apostolo-do-espiritismo.html>. Acesso em: janeiro de 2011.

A Mansão do Caminho
vista por Celeste Carneiro

Início das atividades na Mansão do Caminho

Mansão sem energia elétrica

Crianças da Mansão do Caminho

Paulinha – tia da Mansão do Caminho

Criança da Mansão do Caminho

1982 – Lygia Banhos, tia da Mansão do Caminho

1985 – Jovem da Mansão do Caminho estudando

Divaldo num raro momento de lazer com os filhos

1986 – Divaldo com amigos e jovens

(Fotos por Celeste Carneiro)